历史大咖的另一张脸 II

贾飞 ◎ 著

巾帼不让须眉

山西出版传媒集团
山西人民出版社

图书在版编目（CIP）数据

历史大咖的另一张脸.2／贾飞著.—太原：山西人民出版社，2015.10

ISBN 978 - 7 - 203 - 09274 - 2

Ⅰ.①历… Ⅱ.①贾… Ⅲ.①女性—生平事迹—中国—古代 Ⅳ.①K820.2

中国版本图书馆 CIP 数据核字（2015）第 225024 号

历史大咖的另一张脸.2

选题策划：翟丽娟
著　　者：贾　飞
责任编辑：翟丽娟
装帧设计：陈　婷

出 版 者：山西出版传媒集团·山西人民出版社
地　　址：太原市建设南路 21 号
邮　　编：030012
发行营销：0351—4922220　4955996　4956039　4922127（传真）
天猫官网：http：//sxrmcbs.tmall.com　电话：0351—4922159
E — mail：sxskcb@163.com　发行部
　　　　　sxskcb@126.com　总编室
网　　址：www.sxskcb.com

经 销 者：山西出版传媒集团·山西人民出版社
承 印 者：山西出版传媒集团·山西新华印业有限公司

开　　本：720mm×1010mm　　1/16
印　　张：15
字　　数：170 千字
印　　数：1 - 5 000 册
版　　次：2015 年 10 月　第 1 版
印　　次：2015 年 10 月　第 1 次印刷
书　　号：ISBN 978 - 7 - 203 - 09274 - 2
定　　价：35.00 元

如有印装质量问题请与本社联系调换

历史的一半是女人

贾 飞

　　写"历史大咖的另一张脸系列"的原因很偶然，由于平时喜欢看历史书籍，发现书中的许多地方都不怎么好看，似乎存在一种粘贴复制，生硬不通畅的感觉，这可能是因为写作者大多是学者教授，而不是文学作家，他们的思维方式更传统、缺少创新罢了。于是我心里会想，怎样的历史著作会更好看，又不会缺乏严谨的治学态度和翔实的史料支撑？经过思索我找到了答案，那就是《史记》所用的手法，用文学化的语言，通俗化的表达，新颖的视角，带有点评色彩的方式去阐述历史，这样更容易打动人。

　　有了这一想法后，我尝试着写了几篇小文，很快就被《中华读书报》、《北京晚报》、《华西都市报》、《深圳特区报》、《新华书目报》等报刊采用，其中几家报刊还邀约撰写专栏。专栏开通后，有出版社的编辑看到了文章，便联系约稿，自此才有了《历史大咖的另一张脸》这本书。没想到该书一经推出，销量还算可观，中途还加印了一次，紧接着又出版了台湾繁体版。后来，一次吃饭时内人对我说，你写的历史大咖怎么都是男人，为什么不写女人呢？天下有一半是女人的！当时我听了觉得很有道理，是啊，"历史大咖的另一张脸"这个系列要是缺少了女人，就不完

1

整了。于是，我便开始着手写历史上那些优秀的女人，书写她们的爱情、家庭、事业……

这本书的创意原始而又简单，就是想在浩瀚的历史时空中，撷取那些时光凝成的精华，把发生在其时其地的那些个性鲜明的女性、那些影响深远的历史事件、那些传承至今的历史典故串联起来，用讲故事的方式呈现给您，让您在愉快的旅途中、茶余饭后的闲适中、忙碌工作的余暇中轻松地阅读，让她们身后荡气回肠的故事浮出水面。

或许这部历史散文集在典型人物的选择和背景的叙述上带有较浓厚的个人情感，例如，我将元代的四大才女置于武夫治国的压抑背景下，民国时期我仅选取了张爱玲一人等，但这恰恰是我态度的体现——她们都是经过精挑细选、出挑的女子。她们中，或以貌取胜，或以才超群，或以政传世，她们是灰蒙蒙男权历史中的大咖，演绎出一场场华丽与悲壮。

《历史大咖的另一张脸Ⅱ》的出版无关乎版税，更多的是我与编辑的友情和对读者的一种情怀吧。令人喜悦的是，这本书的简体版就要与读者们见面了，其繁体版和新加坡、韩国版也在运筹之中。无论好与坏，我想它都是自己辛勤劳动的结晶，就像一朵在空中飘摇的蒲公英，最终都会找到适合它的土壤，也最终会遇到欣赏它的读者和知己。

历史的一半是女人。以此勉励所有的女性朋友！

2015 年 9 月

目录

历史大咖的另一张脸2

先秦

巾帼不让须眉

西施：帝王怀中的玩偶

美女一直是令千古男性最神魂颠倒的可爱尤物，让人神往而留恋。自古以来，在笔者印象中，春秋战国时的西施倒可以称得上是天下第一美女。可惜，从来红颜薄命，如此倾国倾城的女子，也不过沦为帝王怀中的玩物罢了。"绝代有佳人，幽居在空谷"，这是杜甫对佳人的深刻阐述，令无数文人充满遐想。但是，佳人命薄，在战争年代，不管她是闭月羞花，还是沉鱼落雁，也终究逃不过命运的魔掌和权力的摆布，西施则是最典型的一位。

家境虽贫寒，婀娜又多姿

要了解西施何以为典型，我想应该首先了解她的家境和出身。在现当代，都市美女一般都和化妆有关，霓虹灯下台上的美女，看上去不少光鲜亮丽，格外动人，但大多脸上涂了一层薄薄的胭脂水粉。就连报考艺术学院的高三毕业生，也都是浓妆出场，花枝招展，其美貌更多的却是雕饰所带来。而古典美女西施，她却是真正的"清水出芙蓉，天然去雕饰"。

西施的名字最开始并不如此，而是叫施夷光。她家世世代代居住苎萝村，也就是现在的浙江省诸暨市境内。当时，她住的乡有东西两个村子，施夷光因为住在西村，所以被叫作西施。

史料中记载，西施的父亲以卖柴为生，母亲则在家浣纱。这样平常的农民家境，要想穿上好衣服，买优质的化妆品，系上精致的围巾，是万万不可能的。尽管西施家境贫寒，但并不影响西施的天生丽质，倾国倾城。后世曾有文人根据西施之美，编造了一个传说，那就是西施是珍珠的化身。传说称，嫦娥仙子有一颗明珠，自己对其十分喜爱，常常和仙女们一起把玩。平时她出差时，便命五彩金鸡日夜守护，生怕丢失。作为手下的金鸡对明珠更是十分喜爱，由于它身份低微，不能像嫦娥那样放在手中把玩，于是心生一计，趁嫦娥不在宫中时，便偷偷将明珠含在口中，躲到月宫后面的隐蔽处悄悄玩赏，心情别提有多高兴了。哪知出了意外，金鸡一不小心，明珠从她口中掉下，从月宫一直滚落，直接飞入了人间。这一下闯祸了，金鸡不知所措，它为了逃避责罚，只得逃离月宫，希望到人间去找回明珠。回宫之后的嫦娥得知明珠丢失，非常生气，便急命玉兔去追赶金鸡。玉兔穿过九天云彩，一直追到浙江诸暨浦阳江上空。这时，浦阳江边山下刚好有一施姓农家之妻正在浣纱，忽见水中有颗光彩耀眼的明珠，忙伸手去捞，明珠却像长了翅膀径直飞入她的口中，并钻进腹内。施妻从此有了身孕，16个月之后也不见分娩。一日，一只五彩金鸡从天而降，停在屋顶，顿时屋内珠光万道。这时，施妻竟突然生下一个光华美丽的女孩，取名为施夷光。金鸡与玉兔看到这情景，也没了办法，只得回到了月宫，接受嫦娥处罚。自此故有"尝母浴帛于溪，明珠射体而孕"之说。

当然，上面提到的故事仅仅是神话传说，不值一信。不过，有

4

史料却这样记载，民间少女西施当时确实漂亮，她美得令男人一步三回头，令女人羡慕嫉妒恨，最典型的一个例子就是"东施效颦"。由于施夷光住在西村故被称为西施，在东村也居住着一位女子，可惜这个女孩并不美丽，反而异常丑陋。虽然长得丑，但东施却没有自知之明，总想效仿西施的一颦一笑，希望自己也能美丽动人。比如《庄子·天运》中就记载："故西施病心而颦其里，其里之丑人见而美之，归亦捧心而颦其里。"翻译成白话就是：传说西施由于有心绞痛，在村里病发时会捂住心口紧蹙娥眉，同村丑女东施见到西施发病时的神态认为很美，此后也在村里捂住胸口皱眉。是的，这个丑女见了西施皱眉时很美，却不知道西施为什么而美丽，她以为学习西施的模样，自己也会变美，可见其是自欺欺人也。史料还记载，东施的丑在当时家喻户晓，有妻儿的男人见了她，则会厌恶地拉着妻儿就跑。

年轻的西施常常在溪边浣纱，婀娜的身姿，轻柔的细纱，纯净的溪水，三者融为一体，令人心驰神往。唐代大诗人李商隐对西施的美貌痴迷，专门乘船到浙江省诸暨市去寻找西施浣纱的遗迹，希望可以在溪水之畔找寻到西施的丽影，可惜佳人已逝，不复再生。李商隐对于西施的穿越之爱，也就只能寄托在他的诗篇之中。

越王为私利，献上醉美人

如果没有战争，西施可能会是太平年代一位平凡的农家女子，她可能会因为自己的美貌嫁给富裕的官绅之家，自此过上幸福而快乐的生活。她也可以一生居住在西村，与民夫为妻，成为永远美丽的一枝村花。但是，她遇到了可恶的战争，遇到了越王勾践与范蠡。从此，她的命运将不再由自己掌控，而是被当权者摆布，这是一件多么悲伤的事呢。

当时，吴王夫差为父报仇，派兵攻打越国，横行千里，一举取得胜利，并将越王勾践逼到了会稽山上。面对即将国破家亡的局面，越王勾践惊慌失措，不知如何是好。作为他最信任的谋臣范蠡这时出了一个计策，他针对吴王的好色，在越国遴选最美丽的女子进献，希望通过"美人计"改善越国的处境。

于是，越王开始在全国海选美女，远近闻名的大美女自然被选中。在海选的过程中，出现了一段小插曲，此事后来还成了文学典故。当时，海选过程中，西施力压众人，成功名列榜首，成为越国"第一枝花"。被选上之后，西施很快就被送往越国首都进行训练。

在进京途中，西施之美惊煞众人，他们争相围观，造成交通堵塞，车辆寸步难行。护送西施的越国相国范蠡，见此盛况，便将计就计，索性叫西施住进路旁旅社的一幢亭楼，然后四处发文张榜："欲见美女者，付金钱一文。"告示贴出，全城轰动。西施登上朱楼，凭栏而立，真是"此女只应天上有，人间哪得几回见"！前来观赏的市民排成长龙，为能一睹西施芳容，纷纷慷慨解囊，有的竟来回付两三次之多，真是"一看倾城，二看倾国，三看倾我心"。数天下来，范蠡所得金钱无数。西施也在这时看到了范蠡的才华，对其仰慕有加，也为后来"西湖游"一说提供了佐证。不过，那都是后话了。

到了京城的西施，便与另一位有名的美女郑旦一同由专人加以教导训练，练成之后便献给了吴王夫差。有关史料上称："西施毅然由越入吴。"我想，这怕是个别的历史学家在那里无根据的揣测。作为正常的女子，有谁愿意去敌国作别人的肉欲工具呢。

当然，西施去了吴国后，相对来说比较幸运。由于吴王夫差的确喜好女色，又见西施美貌无比，对其十分宠爱。在吴国首都姑苏，西施的生活可能是她一生中最优逸、最受宠、最高贵的时光。而郑旦可就没西施那样的待遇了。吴王为了厚待西施，便想方设法为她提供奢华的生活。史料记载，吴王在姑苏建造春宵宫，筑大池，只为与西施在水中洗鸳鸯浴。同时，吴王夫差还为西施建造了表演歌舞和欢宴的馆娃阁、灵馆等。

据称西施擅长跳"响屐舞"，夫差就专门为她筑"响屐廊"，排列数以百计的大缸，上铺木板。西施穿木屐起舞，裙系小铃，舞蹈起来铃声和大缸的回响声"铮铮嗒嗒"交织在一起，好一派歌舞升平的淫乐场景。

国破城淹没，沉江魂萧索

然而，吴王夫差万万没有想到，自己曾经是打败越国战无不胜的雄主，当时领军打得越王勾践下跪求饶，还让其当了几年的奴隶。越王勾践在最落魄的日子里，居然还吃过吴王夫差拉出的粪便，帮助御医探察吴王夫差的病因。"三十年河东，三十年河西。"谁也说不清，后来越王勾践卧薪尝胆，通过与民共苦，越国竟悄悄变成了一个强大的国家，还居然派兵攻打吴王报仇。吴国士兵骄傲无比，很快就被越国打败，吴王夫差也成了亡国奴。清朝大文学家蒲松龄参考该历史典故，还专门写了一副鼓舞人心的对联："有志者，事竟成，破釜沉舟，百二秦关终属楚。苦心人，天不负，卧薪尝胆，三千越甲可吞吴。"

吴国的灭亡，使得西施的命运再一次发生了翻天覆地的变化，她从此不能被吴王夫差捧在掌心、抱在怀里，也不能在水池中与夫差共洗鸳鸯浴，不能乘上青龙舟欣赏秀丽的风景，更不能与吴王夫差泛舟采莲，骑马打猎……等待西施的，将是挣脱不掉的可悲归宿。

当然，也有史学家称，西施早猜到了自己的结局。因为，她到吴国，其实就是当头号色情间谍，目的是迷惑吴王，让其沉湎于女色，忘记国政。吴国的军事机密，西施伺机向越国传递，并挑拨吴国的君臣关系，特别是夫差与伍子胥的关系。夫差赐剑令伍子胥自杀，也有西施离间的功劳。因此西施是勾践灭吴雪耻的功臣之一。明代西施祠就有楹联云："越锦何须衣义士，黄金祇合铸娇姿。"但是，无论是间谍，还是情欲工具，对于西施个人而言，却是一个悲剧，因为等待她的将是被上层抛弃的现实。

公元前473年的冬天，吴国首都姑苏城，也就是今天江苏省的苏州市，被奔袭而来的越国大军攻破，吴国灭亡。春秋时大美女、吴王夫差的宠妃西施的人生轨迹戛然而止，迅速没入了历史的黑暗之中。

吴国灭亡了，西施却被心狠的越王勾践杀掉沉江。东汉范晔所著《吴越春秋》称："越浮西施于江，令随鸱夷而去。"鸱夷，是皮革制成的口袋。不知是什么原因，越国处死西施的手段，与夫差当年处死伍子胥的手段何其相似。这两个所谓的君王，谈不上仁义和友善，不过是心狠手辣的政客而已，他们发起的所谓战争，仅仅只是为了追逐自己的利益和权力。

西施被装进皮革口袋投入江中了，至于她是被缢死后再装进皮袋，还是活活被塞进皮袋投入江中，范晔未作交代。但是，既然西施被称为越国灭吴的功臣，又怎么会被如此残忍地杀害呢？我想，越王勾践这种为达复仇目的而使用美人计，他认为怕是过于下作，便要杀人灭口吧。自古有多少兵卒被当成工具与棋子，最终不都是兔死狗烹么？

当然，清代大历史学家蔡元放所著的《东周列国志》则将杀死西施的责任推给了越王夫人。该书记载称，越王勾践早在范蠡将西施从苎萝山载回都城时，就垂涎其美色，但为了雪耻灭吴，只好强忍色欲，忍痛割爱。而吴国已灭，夫差已死，大仇已报，他就可以大张旗鼓地把美女接回。但西施的归来，非常明显地威胁到了越王夫人的地位。虽然出身不高，但西施的美貌、贡献，以及作为“战利品”的分量都是不容置疑的，西施自然成了越王夫人的眼中钉，必须除之。毕竟越王夫人怕杀掉了老公的心头肉，以后不好交代，便打出爱国的旗号，发表告老公及满朝文武书：“这种亡国的祸水，还留着她作甚？”于是，她将干掉情敌的行动上升到关系国家生死存亡的高度，不但越王无奈，满朝文武也觉得有道理了。《东周列国志》毕竟是历史演义，蔡元放先生又是清朝人，离战国时代的时间太远，所述故事虽然顺理成章，但西施是否被勾践的太太所杀，却缺乏有力的史证，笔者也不太相信这一说法。

战国时的墨翟先生所说或许更可靠一些，因为越王灭吴后数年，又把国都迁至琅琊（今山东省诸城市），由于他们的时代相隔较近，墨翟先生对吴越争霸的历史当然更为清楚。他将西施之死与比干、孟贲、吴起并列，以证明他们都是因为过人的美德、才干、长处而死，而西施的惨死，是因其美貌所致，从而正面揭露了暴君的虚假面孔，批判了独裁者的可恶嘴脸。

无论怎样，历史上的西施最终还是死了，她死得很凄惨、很悲壮，其美丽动人的身体随风消失在茫茫的大江之中，但她的传奇故事却永远留在人们心中。

文客多痴情，但信西湖游

然而，西施的死并没有让众多文人骚客死心，他们基于对西施的倾慕，对美女早逝的遗憾，对弱者的同情，又创作出令人温暖的动人文章。最早的记载来自于东汉袁康的《越绝书》，说吴亡后"西施复归范蠡，同泛五湖而去"。

明代的胡应麟也在《少室山房笔丛》中提出了新的说法，也进行了艺术上的"丰富加工"。他演绎出一个新的情节，那就是西施原是范蠡的恋人。范蠡生于楚国，出生在布衣之家，却有旷世奇才。天才总是孤独而令人误解的。楚国人就把范蠡视为疯子，意料之中，范蠡在楚国混得很不好。无奈之下，范蠡便邀好友文种一起离开楚国，东去越国，成为越国称霸的最大功臣。但是，为人精明的范蠡发现越王勾践为人薄情寡恩，自私自利，只能共苦，不能同甘，便又相约文种离去。文种不愿离开成功的事业，范蠡就更名改姓，带着漂亮的西施泛舟齐国。后来，范蠡到了陶地，醉心生意，经商有道，成为巨富，自号陶朱公，成为天下最有实力的富豪。民间尊陶朱公为财神，还常常烧香祭拜。西施跟了范蠡这个名利双收的大人物，后半生真是幸福快乐，常常泛舟西湖，过着神仙般的日子。

明朝另一位文学家梁辰鱼也写了一个剧本叫《浣纱记》。梁辰鱼是昆山人，《浣纱记》是昆腔早期的奠基作之一，该剧开头是范蠡游春在溪边遇浣纱女西施，一见钟情，结尾则说两人躲祸远遁。当然前面也已经提到，在范蠡护送西施进京的途中，西施就被范蠡的才华所倾倒，心中也暗生仰慕。范蠡也曾交代："我实霄殿金童，卿乃天宫玉女，双遭微谴，两谪人间。故鄙人为奴石室，本是夙缘；芳卿作妾吴宫，实由尘劫。今续百世已断之契，要结三生未了之姻，始豁迷途，方归正道。"此处很传奇，居然称范蠡和西施都是下凡的仙人，早在天上时他们就已经相恋，在人间他们只不过是久别重逢罢了。

当然，有关西施与范蠡双宿双栖的说法在文学作品中比比皆是。就连唐朝大诗人李白也称西施"一破夫差国，千秋竟不还"。宋朝词人苏东坡则写得更为明白："五湖问道，扁舟归去，仍携西子。"两位大文豪都认为范蠡、西施这对爱侣驾一叶扁舟，优游五湖而逝。

不过，总而言之，笔者认为这终究是文学作品，只是文人们的一厢情愿，并不能算作真实的历史。但是，西施的人生传奇却永远未曾被后人忘记。

此时，笔者不禁感慨：如果西施没有遇到范蠡与勾践，那么她或许终生在溪边浣纱，以她的美丽和智慧，可能会成为历史上民间秀色的典型代表，也可能会成为江南美女的代名词。但遗憾的是，民女虽美，却终究是弱者，永远也抵不过政治。残酷的现实将她拉进了奔腾浩荡的历史长河，从此成为一缕青烟，为天下人惋惜和怀念。

历史大咖的另一张脸2

汉

巾帼不让须眉

吕雉：女人报仇，照样十年不晚

提起吕雉，许多人脑海中都会浮现一个恶毒丑陋的悍妇形象，想起她将汉高祖刘邦的宠妃戚夫人刑做人彘的残忍行为，将她认作蛇蝎心肠的最佳代表，对这个中国历史上有文字记载的第一位皇后深恶痛绝。然而，我们发现一代史学大家司马迁对她的评价却极高，在《史记·吕后本纪》中说她在位期间"政不出户，天下晏然；刑罚罕用，罪人是希；民务稼穑，衣食滋殖"。那么，吕雉究竟是怎样的一个人呢？她的一生中经历了怎样的事情？是什么样的事情让她变得如此心狠手辣？让我们随着历史——去探寻。

白富美下嫁风流小吏

吕雉，又称汉高后、吕后、吕太后，公元前 241 年出生在山东单父县（今山东省单县），字娥姁。吕后的父亲，姓吕名文，字叔平，山东单县人，被人们称为"吕公"。据《史记》对吕公家居沛县的记载"沛中豪杰吏闻令有重客，皆往贺"可以看出，吕公不是一般的客人，是重客，而且还是县令的重客，县令来了这样的客人，沛县的豪杰和当官的都前去祝贺。在古时候，有钱并不意味着显贵，更不可能让当地的豪杰和官吏都纷纷赶来结交，可见，吕家不是小门小户，至少在沛县也算得上显贵之家。所以，吕雉可以说是一位公认的大家闺秀。

那么吕雉嫁给刘邦就是典型的"下嫁"。

首先刘邦是农民出身，好吃懒做还是个酒色之徒；其次刘邦当时职务很小，据史书记载，他只是秦朝沛县的一个乡村小吏，职务是泗水亭长，也就是一个村管治安的警察；三是刘邦出生于公元前256年，而吕雉生于公元前241，刘邦比吕雉大了整整15岁。也就是说一个30多岁成天不务正业、花天酒地的登徒浪子娶了一个如花似玉的显贵美女，这要放在今天都是很难想象的。

那么，门不当户不对的刘吕两家是怎么结成姻缘的呢？这要从刘邦口出的一句狂言说起。

话说当时沛县的豪杰、官吏听说县令家里来了贵客，纷纷前来喝酒祝贺。负责收礼钱的萧何通知大家，送礼钱不满一千钱的人，不能到堂上喝酒。当时一千钱是个什么概念呢？据记载，秦朝一个县令一年的俸禄才几千钱，这吃一次酒就相当于吃掉一个县太爷几个月的工资。那算得上是一顿名副其实的高价饭，也再次证明吕公家里可不是一般二般的普通家庭。刘邦这个酒色之徒，听说县令家里来了贵客，也屁颠屁颠地跑来吃酒，而且还自报说："我送一万！"一个小小的亭长，十年的工资加起来都不到一万，居然放出此等豪言，谁信啊。正当堂上的富豪们大声嘲笑之际，颇见过大世面的吕公却暗想，这个小吏不一般，竟敢当众撒谎，且待我出去看看。

这一看，吕公特别震惊。眼前这人身长七尺八寸，按秦朝的尺寸算就相当于今天的一米八。吕公平时爱好给人看相，心想，这人长得气宇轩昂，长颈高鼻，美髯飘飘，可不是凡夫俗子之相，赶紧迎入厅内，并且还让刘邦坐在一座权贵的上席。等到一屋子客人都走了之后，吕公更是拉住刘邦说："我有一个女儿，想许给你为妻，希望你不要嫌弃。"刘邦一听，心想还有这种好事，赶紧答应下来。

对于这门门不当户不对的亲事，虽然吕太太不答应，但在古时候都是父亲、丈夫说了算，于是吕雉和刘邦不久便结婚了。

从大小姐到阶下囚的无怨蜕变

自从贵小姐吕雉嫁给刘邦后，没多久，她就为刘邦生下一儿一女。作为亭长的刘邦，除了偶尔请假回家探视外，大部分时间都住在泗水亭中。并且，婚后的刘邦却还和先前一样，经常和三朋四友在外喝酒聚会，无聊的时候还自己做了一顶竹帽子到处闲逛，三天两头见不到人影。可是当时刘邦家里早已分家，自己只分得了几亩薄田，而且他做亭长的工资还不够他一个人吃喝，哪里顾得家里。然而富家女吕雉并没有像一般的小女人一样又吵又闹，甚至离婚。虽然平时有娘家接济一些，可是天长日久也不是个办法。于是吕雉便带着自己的两个孩子，亲自下田种地，养蚕织布，侍奉公婆，苦苦经营着自己的这个小家。

然而没想到，天有不测风云，人有旦夕祸福。当时作为泗水亭长的刘邦，虽然平时没个正形，但拿着小村官的工资也得干点实实在在的事情。

公元前246年，秦始皇开始在骊邑南面的骊山脚下修建自己工程浩繁、庞大华丽的巨冢。直到秦二世元年，也就是公元前209年，朝廷还在下诏让各郡县遣送罪徒到骊山去增修始皇的陵墓。而身为亭长的主要任务之一就是负责往骊山押送本地服劳役的人，于是刘邦和一群囚徒一起向骊山出发了。然而，"徒多道亡"（《史记·高祖本纪》），至于劳役们跑了的原因，有书称，是因为刘邦自己喝醉了酒。这下可不得了了，秦朝法律本来就严苛，要是途中有这么多人逃跑，其他人即使到了骊山估计也免不了一死。刘邦心想，反正跑都跑了，横竖都是死，还不如将大家都放了，或许还能各谋生路。看到刘邦的这一举动，有些劳役很感动，心想死马当活马医，反正跑到哪里都过不了安生的日子，还不如跟着这个长相不凡的亭长，没准还能混出个名堂。于是一些囚徒便和刘邦一起逃到了芒砀山（今河南省永城市）里，落草为寇。

俗话说，跑得了和尚跑不了庙，刘邦自己逃走了，可怜的吕雉却坐了夫罪，被抓进了大牢。当年的大小姐现在却进了监狱，又没有钱打点，于是监狱里面的狱卒仗势欺人，常常辱骂嘲讽吕雉，并且骂得十分难听。幸好当时监狱里有一个叫任敖的狱卒，平日和刘邦是铁哥们儿，在知道兄弟的妻子下狱后，对她很是关照。但是话又说回来，关照归关照，在监狱里的日子还是很苦的，而且吕雉还要担心自己的两个孩子、公公婆婆和自己的丈夫，不知道他们现在在哪里，怎么样了。

过了一段时间，身为沛县公曹的萧何去为吕雉说情，说吕雉是个妇道人家，丈夫工作上的事情她一点也不知情，都是刘邦的错，如今，让她一个女人来顶男人的罪，不大合适。况且她上有老，下有小，一大家人都指望着她照顾呢。不如我们把她放了，还能体现您体恤百姓，宽厚仁爱呢。县令一听，正合心意，心想吕家本来就和他交好，虽然当年给吕公说媒让他把吕雉嫁给自己，他没答应，但是他和吕公好歹也是相交多年的兄弟，如今兄弟的女儿进了自己的监狱，多少还是该关照点。于是县令欣然同意，吕雉便被释放回家了。

当年身为大小姐的吕雉下嫁给刘邦，不仅没有骄傲蛮横的小姐脾气，反而"嫁鸡随鸡，嫁狗随狗"，严守妇道，勤恳持家，孝顺公婆，抚养一双儿女，真算得上贤良淑德，是一个难得的好妻子。

颠沛流离中结下情爱恩怨

嫁给刘邦，吕雉的生活注定是不平静的。

公元前 205 年，刘邦率领的汉军趁项羽陷入齐地不能自拔之际，轻而易举地攻下了楚都彭城。当时彭城的所有精兵都随着项羽攻打齐国去了，整个彭城就只剩下几个守兵和几千个老弱病残留守，所以，当刘邦带领数十万汉军攻来，犹入空城，马上就占领了这座城池。刘邦特别高兴，因为这是他第一次明目张胆以项羽杀义帝于江中，大逆不道，名正言顺和项羽对着干的第一仗。他得意地摸着自己的胡子，到城里面走了一圈，看到项羽的寝宫里面美女珠宝如云，简直是心花怒放。于是刘邦日日排开宴席，左拥右抱，夜夜酒肉笙歌，好不快活。

谁知，项羽一听，小儿刘邦竟然敢公开和自己对着干，还把自己的美女珠宝和宫室霸占了，暴跳如雷，马上带领三万特种部队杀了回来，势不可挡。汉军哪里是凶悍的楚军的对手，还没交战几个回合，军队就溃散四奔，仓皇逃命。汉王刘邦一看，马上拍马急逃，幸好马儿跑得快，一转眼就跑了几十里。这时天已经黑了，在前面的一片树林里，他终于看见了一丝亮光。刘邦来到茅屋前敲门，开门的老头看见刘邦的相貌，知道不是寻常人，便客客气气地让他进了门，唤女儿赶紧供给酒食。那女孩子不一会就把饭菜端上来了，刘邦大口大口地吃着，吃得差不多了，抬起头一看，眼前的这位二八佳人虽然穿着粗布衣服，却显得清水出芙蓉，楚楚可怜，可是个不可多得的大美女。身为贫奴的戚家老头一看刘邦的神情，心想，这个人以后肯定是有大作为的，干脆把女儿嫁给他，或许还能攀上富贵。于是当天夜里，一来二去，两人便入了洞房。

第二天一早，刘邦怕追兵追来，赶紧上路，依依不舍地告别了戚公父女。幸而刚上路，刘邦便碰见了夏侯婴一行，自然换马上车。他看见沿途奔走的难民中，有一男一女，好像是自己的孩子。夏侯婴便赶紧将两个狼狈逃命的孩子抱到车中。原来彭城之战后，刘邦的父母妻儿外逃避难，想找到刘邦，结果在逃难的过程中，两个孩子被乱兵冲散，和爷爷妈妈分开了。两个孩子说着，便哭了起来，哪里知道苦苦寻找的父亲，昨天晚上还在一个人快活逍遥呢。说话间，楚兵追到，刘邦大惊，喊道："快跑！"

马儿使劲跑一程，楚兵追一程，眼看就要追到了。刘邦一急，赶紧将两个孩子蹬下车。夏侯婴看见了，赶紧将两个孩子抱起来，又放进车里。刘邦马上又把孩子扔出去，夏侯婴又抱进来，一连反复几次，两个孩子惊吓过度，哇哇大哭起来。刘邦忍不住，破口大骂："你没看现在情况危急万分啊，哪里管得上两个孩子，找死啊！"夏侯婴还是把两个孩子抱着，刘邦便拔出剑来，指着夏侯婴说：

"再抱上来就对你不客气了。"于是命车夫赶着马车飞速地跑走了。夏侯婴抱着两个孩子赶紧上马，一同奔走，终于逃脱。

然而，太公和吕后却没有那么幸运，都被楚军抓住，其他家眷则纷纷走散。当时，还有一个叫作审食其的仆人不愿离开，一同被抓到楚军中，被项羽留作人质。直到公元前203年9月，楚汉双方议和，太公、吕后等才被放回。然而回到刘邦身边的吕雉这时已年近三十，美色渐衰，丈夫对自己很是冷淡。本来以为丈夫这两年一定是天天和项羽打仗、谈判，时时刻刻盼望救自己出去，她哪里知道自己的丈夫几乎早已经忘了结发的誓言，身边早已有了他人陪伴。于是近三十岁的吕雉只能眼睁睁看着自己的丈夫和另一个年轻貌美的女人出双入对。加上听了孩子们的诉说，她想刘邦在危难时刻连自己的亲生骨肉都不顾，还不如家奴审食其，冒着生命危险陪着自己度过这么艰难的两年人质时光。或许她还听说了汉王刘邦的私生子刘肥以及刘邦和自己结婚后的外遇曹氏。吕雉越想越伤心，她狠狠地哭了一个晚上，心理就此起了变化，慢慢地变得百毒不侵，心狠手辣。

忍气吞声，磨剑十年

刘邦在公元前205年6月就已经立吕雉的儿子刘盈为太子，但得到定陶人戚氏后，没多久戚夫人也生下一个儿子，名唤如意。这个戚夫人也不是省油的灯，除了桃面柳腰，身材玲珑之外，唱歌跳舞无所不精，并且平时还爱学习点诗词曲赋，惹得刘邦恨不得天天捧在手掌心。其实，戚夫人深受刘邦喜爱，笔者推测还有以下三个原因。一是戚夫人和刘邦出身差不多，与吕后大家闺秀，童年没有过过穷苦日子相比，自然更让刘邦心疼，并且有更多的共同话题；二是吕后经历了颠沛流离的生活后，对情爱看淡了，也许她也会像现代的女性在经历负心男人后一样，喊出"不要给我谈感情，给我谈钱"的口号，专心于自己的事业和政治地位，这就衬托出了戚夫人温柔体贴的女人魅力；三是戚夫人给刘邦生了一个聪慧可爱的儿子，长相性情又特别像刘邦，深得刘邦喜爱。

刘邦登基为皇帝后，戚夫人更是专宠后宫，日日夜夜缠着刘邦改立自己的儿子为太子。戚夫人为此成天缠着刘邦哭哭闹闹，终于刘邦经不住美人三番五次的折腾，便准备立戚夫人的儿子如意为太子。听到这一消息的吕后特别着急。她不管刘邦爱谁宠谁，天天让谁陪侍身边，和谁又有了儿女，戚夫人专宠的骄横她也可以忍着，甚至偶尔还可以赔着笑脸，但是谁都不能动自己苦心经营的政治地位。已经贵为皇后的吕雉知道，要是儿子刘盈被废，那么她的皇后之位也即将不保，她已经失去了丈夫的心，那么绝对不能失去自己辛苦隐忍多年换来的荣华。于是吕后开始日夜提心吊胆，防着他变，有时看着戚夫人母子，简直恨得牙痒痒，恨不能立马掐死。只可惜自己没有戚姬年轻，又会那么多媚招，不能常常陪伴在刘邦身边，眼看儿子的地位就要不保，吕雉简直一颗心都要焦烂了。

刘邦终没能经住戚姬的耳鬓厮磨，决定在朝堂之上废立太子。终于，让吕雉胆战心惊的一天到来了。这天夜里，吕雉翻来覆去都没有睡着，早就收到刘邦打算明天在朝堂废立刘盈消息的她，一颗心怦怦直跳，简直快要跳出喉咙。她又急又气，心想，怎么办，自己苦心经营这么久的成果，难道就要功亏一篑了吗？不，绝对不行！她得采取行动。于是第二天一大早吕后就悄悄藏在东厢门里面，静静地听着朝堂之上的动静。要是群臣没有说服刘邦，她就亲自出面，打出一张"糟糠之妻不可弃"的苦情牌，声泪俱下地诉说她和刘邦的夫妻之情，这些年来自己为了这个家的辛苦劳累，她什么都不求，刘邦也可以继续宠爱着戚夫人，只要他仍然让刘盈做太子，她甚至愿意和戚夫人平起平坐。这也是最糟糕的情况下，她的最后一张王牌了。

升朝了。吕雉听到朝堂之上一片反对之声，终于有些放心。按照古代礼制，废长立幼，万万不可，并且，这也是从来没有过的事。然而，刘邦爱姬心切，还想为戚夫人母子力争一把，便命秘书开始拟文件了。吕后的手掌心都出汗了，正在她准备闯进朝堂之时，她听见一个人站出来，大声说："不可！不……可！"这人正是汾阴侯周昌。刘邦知道周昌口吃，便故意问周昌："那你赶紧说说看为何不可。"周昌一听，更着急了，脸上憋得紫红，终于一下说出："我……虽然……口笨，但是我却知道……废长立幼……'具对具对'地不行。陛下……要……废立太子，我……'具对具对'地……不奉诏。"听到周昌一时情急，把"绝对"二字都读错了，本来十分严肃、眼看就要闹翻的朝堂，忽然一片笑声。刘邦也忍不住，扑哧一声笑了起来。这时，刘邦和大臣们争了半天，也累了，便说："先退朝吧，这件事以后再说。"终于，提心在口的吕雉长长地舒了一口气。但从此吕雉简直恨透了戚夫人，做事也是再三衡量，谨慎小心，居安思危，用尽各种手段快速巩固太子刘盈和自己的地位，她也更加确信，只有"我为刀俎"，将政权牢牢掌握在自己的手中，才能把握住自己的命运。

称制专政，辣手复仇

公元前 195 年 6 月，53 岁的高祖刘邦病死在长乐宫中。而这时的吕雉再也不是从前的那个小女人了，现在的吕雉，羽翼已丰，手握大权，倾朝上下，诛尽异己。

自然，吕雉平生最恨的一个女人——戚夫人的悲惨日子开始了。其实，戚夫人也并不是愚蠢之人，她知道吕雉心肠歹毒，要是刘邦不立自己的儿子为太子，那么等刘邦死后，自己和儿子必定死无葬身之地，于是三番四次找刘邦哭诉。"父母之爱子，则为之计深远。"可惜刘邦之爱戚夫人，却没有爱得深远，除了仅有的一次在朝堂上提出废除太子外，根本就没有为戚夫人母子另谋一个保全自身的万全之策。戚夫人除了知道改立太子，也没有想出其他办法，于是只有伤心哭泣，无可奈何了。由此可见戚夫人在政治上比不得吕雉，虽有远见，却不够精明强干，足智多谋，也没有吕雉那份不达目的誓不罢休的狠劲。

同年七月，太子刘盈即位，尊刘邦为高皇帝，尊吕雉为皇太后，自此吕雉开始专政。吕雉要收拾的第一个心头大恨，当然是戚夫人。于是她当下就传令将戚夫人囚禁起来，又想到刑律中"髡钳为奴"这一条，下令马上实施。髡钳是什么意思呢？就是去发戴铁钳做苦力。可怜一代美人就这样被人拔去了盈盈秀发，困于永巷内，昼夜舂米。悲痛处，她又自编了一首《舂歌》，大意是说，儿子啊，你远在千里之外，不知道你的母亲正在给人为奴舂米，受尽折磨啊！这歌一唱出，马上就被报告到了吕雉的耳朵里。吕雉心想，你个贱奴，还在唱歌，还想着有一天你儿子来救你呢，哼，本娘娘要让你白发人送黑发人，欲哭无泪！《史记·吕太后本纪》中记载："友以诸吕女为后，弗爱，爱他姬。诸吕女妒，怒去，馋之于太后，诬以罪过，曰'吕氏安得王！太后百岁后，吾必击之。'太后怒，以故召赵王。"这段话大概意思是，吕后是听信了诸吕女儿的谗言才召赵王如意进宫的。然后笔者认为，吕雉自从踏上政治舞台，愈加明白斩草除根这个道理，先前就积极帮刘邦铲除异姓王，如今自己掌权，当然更要杜绝后患。于是，她用尽办法将戚夫人的儿子赵王如意骗进宫来。

吕雉心狠手辣，然而惠帝刘盈却十分善良仁厚。他看见先帝刘邦的宠妃戚夫人被拔光了头发日夜舂米，已经觉得皇太后吕雉的报复有些太过分了。等到赵王如意一到京城，他赶紧把如意接到自己的寝宫，每天早晚一同寝食，免得遭皇太后毒手。然而惠帝毕竟年轻，不知百密一疏的厉害。时光易过，转眼到了冬天。惠帝刘盈趁着寒冬，准备出门去打猎，走的时候，看到弟弟如意睡得正甜不忍叫醒，于是独自出门去了。等到打猎回来一看，如意已经七孔流血，一命呜呼了！他只得抱着如意的尸体大哭一场，自此更加厌恶皇太后吕雉。

然而，吕雉的报复还没有停止。刚杀了戚夫人的儿子如意，吕雉竟然又丧心病狂地将戚夫人斩断手足，挖掉眼珠，熏聋双耳，毒哑喉咙，投入厕所里面。自己还创了个新词"人彘"，不仅让所有宫人围观，还让人带刘盈去观看。吕后之毒辣，真可谓惨绝人寰，旷古绝今。

在吕雉的前半生，可以说她还是贤惠善良的，相夫教子，勤劳克己。即使在称制登上权力巅峰后，她对待有恩于自己的朝臣或得力老将还是十分顾全的，并且用她精明强干的政治头脑，将整个国家管理得井井有条。然而吕雉在对异己分子或政敌上则心狠手辣，尤其是对待情敌戚夫人的手段，简直是辣手至极，闻者心惊。

班婕妤：后宫佳丽的"文学教母"

晋朝画家顾恺之在《女史箴图》中，描绘了班婕妤与汉成帝同乘驾舆的情景，把班婕妤的端庄娴静、慎言善行，作为妃嫔的典范描画得淋漓尽致。梁代学者钟嵘在《诗品》中评论的唯一女诗人就是班婕妤："从李都尉迄班婕妤，将百年间，有妇人焉，一人而已。"而清朝第一大词人纳兰性德对班婕妤则更是向往有加："人生若只如初见，何事秋风悲画扇。"那么，班婕妤到底是一个怎样的女人，为何令文艺名家纷纷写文盛赞？不妨随作者一同去探个究竟。

书香门第气自华，才貌双全封婕妤

首先，班婕妤的出身几乎比李清照还好。李清照的父亲是一位进士，而班婕妤一家却均是名人。据史料称，秦灭六国后，班婕妤的先祖从楚地迁到山西北部，后定居在楼烦（今山西省朔州市朔城区梵王寺一带），以游猎为业。从班婕妤的曾祖父班长开始，便世代为官，成为当时地方显赫的名门望族。到了班婕妤的父亲班况，官就做到了左曹越骑校尉（军队里的骑军指挥官，俸禄 2000 石，相当于装甲部队的司令）。班婕妤的兄弟也均有官职。后来，班婕妤的侄儿班嗣、班彪和侄孙班固、班超、侄孙女班昭更是活跃在东汉上层的著名学者和高官。这样显赫的家庭，的确令一般文人羡慕不已。班婕妤能在这样的家庭环境中生活，不得不说是一种幸运。

由于家庭环境好，班婕妤不愁吃不愁穿，又因为其母亲漂亮，遗传因素好，她的相貌从小就格外俊美，她还特别聪明伶俐，勤学多才，尤喜诗文。长到 17 岁时，班婕妤已是亭亭玉立，艳美有加，名闻四方了。

汉建始元年（公元前 32 年），汉成帝刘骜即位，聪明漂亮、才华横溢的班婕妤很快脱颖而出，被选入皇宫。刚开始，她仅为少使（下等女官），但不久之后，就受到汉成帝的宠爱，被赐封为"婕妤"，让其居住于后宫第三区增成舍宫。这个婕妤到底是个什么职位呢？她是后宫妃嫔的一种级别。据史料记载，从周王朝开始，国王就可以合法拥有一百多位妻子，为了便于后宫管理，就把她们编成不同等级，周朝时共有五级：第一级："王后"，一人，地位跟国王相等。第二级："夫人"三人，陪伴国王。第三级："嫔"，九人，负责处理皇宫事务（掌教四德）。第四级："世妇"，二十七人，主持祭典和招待入宫朝觐的贵妇。第五级："女御"，八十一人。到了秦朝，后宫嫔妃从五级增加到八级。第一级："皇后"；第二级："夫人"；第三级："美人"；第四级："良人"；第五级："八子"；第六级："七子"；第七级："长使"；第八级："少使"。

到了汉成帝时，妃嫔的级别就上升到 14 个等级了：皇后、昭仪、婕妤、娥、容华、美人、八子、充依、七子、良人、长使、少使、五官、顺常、无涓等，班婕妤排在第三级，位比上卿，爵比列侯，可见其地位是比较高的了。

入宫得宠不自骄，品德高尚齐称好

　　由于班婕妤出自班氏名门，少有才学，文学造诣极高。入宫之后，她常常利用文学才华和自己独特的魅力，潜移默化地影响汉成帝。另外，她还熟悉史事，在与汉成帝的谈天闲聊中，常常能自如地引经据典，开解成帝内心的积郁和不解，开导并帮助他在朝政上做个有道的明君。

　　自古妃嫔中，像班婕妤这样既漂亮，又有才华的女人并不多。因此，对于汉成帝而言，班婕妤不仅仅是给他提供床笫之欢的女人，更是他人生的良师益友。

　　在刚进宫的那几年，汉成帝对班婕妤宠爱日盛，无人可及。为了能与班婕妤形影不离，汉成帝还特别命人制作了一辆较大的辇车，以便能和婕妤同车出游。据史料介绍，汉朝时皇帝在宫苑巡游，常乘坐一种豪华车子，绫罗为帷幕，锦褥为坐垫，两个太监在前面拖着走，称为"辇"；至于皇后妃嫔所乘坐的车子，则仅有一人牵挽。对大多数宫女来说，能得到皇帝一夜宠幸就已是莫大荣幸，哪里还能奢望与皇帝出入同辇呢。

　　但是，班婕妤却是一个例外。当汉成帝要求同辇出游时，却遭到了班婕妤的拒绝："观古图画，贤圣之君皆有名臣在侧，三代末主乃有嬖女，今欲同辇，得无近似之乎？"《汉书·外戚传》如此做了记载，翻译成现代文的意思就是："我看古代留下来的图画，凡是圣贤之君都是名臣在身边。只有夏、商、周三代的末主夏桀、商纣、周幽王，他们才有嬖幸的妃子在座。但结果呢，竟落得国亡毁身的境地。尊敬的皇上啊，我如果和您同车出入，不就和她们很相似了么？这是多么令人害怕啊！"汉成帝刚听到这话，还有点不高兴，"上善其言而止"。但后来仔细想想，他觉得班婕妤说得很有道理，同辇的想法也就只好暂时作罢了。

班婕妤以理制情，不与皇帝同车出游这件事被汉成帝的母后王太后听到了，她十分赞赏地对左右人说："古有樊姬，今有班婕妤。"樊姬是春秋时代楚庄王的妃子，以善于劝谏楚庄王少犯错误、勤政爱民、励精图治称著。楚庄王刚即位时，喜欢打猎，不务政事，樊姬苦苦相劝，但收效甚微。于是她不再吃禽兽的肉，楚庄王终于被樊姬感动，从此改过自新，不多出猎，勤于政事。后来又由于樊姬的推荐，他重用贤人孙叔敖为令尹宰相，三年而称霸天下，成为"春秋五霸"之一。王太后把班婕妤比作樊姬，可见这是对她的最高褒奖。

由于班婕妤的贤德，她在后宫中得到了宫女的爱戴。班婕妤从不争宠，也不干预政事，谨遵礼教，行事端正。即使在得宠期间，她也并未恃宠自骄，而是谨守为妇之德，不越雷池，她的言行受到了上自太后，下到百姓的交口称赞，为宫人树立起了良好榜样。

赵氏姐妹入宫来，急流勇退明保身

然而，事情并没有像人们所期望的那样发展，班婕妤没能成为汉成帝的贤内助，也没能帮助汉成帝成为一代明君。很快，她就失宠了。失宠的原因，就是缭绕舞女赵氏姐妹的到来。

这个赵氏姐妹是谁呢，只要提到赵飞燕大家就一下明白了。大唐诗人王昌龄写了一首诗《长信秋词》："奉帚平明金殿开，且将团扇共徘徊。玉颜不及寒鸦色，犹带昭阳日影来。"其中，团扇比喻的就是班婕妤，而寒鸦色则是赵飞燕。宋朝词人辛弃疾在《摸鱼儿》中也如此写道："更能消、几番风雨？匆匆春又归去。惜春长怕花开早，何况落红无数。春且住。见说道、天涯芳草无归路。怨春不语，算只有殷勤，画檐蛛网，尽日惹风絮。长门事，准拟佳期又误。娥眉曾有人妒。千金纵买相如赋，脉脉此情谁诉？君莫舞。君不见、玉环飞燕皆尘土？闲愁最苦。休去倚危栏，斜阳正在，烟柳断肠处。"虽然，"玉环飞燕皆尘土"，但当时的赵飞燕可是一人之下，万人之上，就连才华横溢、美貌无比的班婕妤也只能认输投降，无奈明哲保身了。

由于汉成帝刘骜本是好色之徒，在其做太子时，就"湛（同'耽'）于酒色"，即位后更甚之。虽然，有班婕妤这样的美女天天为伴，但他终究没有满足。有一次，汉成帝微服到阳阿公主家，见一个舞女婀娜秀美，舞姿撩人，当即便把她召入宫中宠幸。这个舞女不是别人，正是赵氏，因身轻善舞，人称"飞燕"。赵飞燕进宫之后，又举荐她的妹妹赵合德进宫，于是两人一并受宠得势，贵倾后宫，权压朝廷。

赵氏姐妹受宠之后，许皇后因此受到了冷落。这位国母绝不愿意失去自己的崇高地位，便决定全力抗争。许皇后在寝宫中设置了一处神坛，晨昏礼拜，既为皇帝祝福，也对赵氏姊妹加以诅咒，希望神灵能够帮她除掉赵氏姐妹这一对"妖孽"。然而，她礼拜的消息很快就传到了赵氏姐妹耳中，两人于是在深夜与汉成帝床笫之欢时，将此事添油加醋地向汉成帝告状。汉成帝盛怒之下，不分青红皂白就把许皇后贬废在了昭台宫。

除掉许皇后，排名第三的班婕妤便是最大的"头号敌人"。于是，赵氏姊妹又向成帝进班婕妤的谗言。汉成帝又未仔细考虑，就开始追究，庆幸的是班婕妤从容不迫，委婉陈词："妾闻死生有命，富贵在天，修正尚未蒙福，为邪欲以何望？使鬼神有知，不受不臣之愬（同'诉'）；如其无知，愬之何益？故不为也！"翻译过来就是："臣妾听说死生有命，富贵在天，修正尚且未能得福，为邪还有什么希望？要真是鬼神有知的话，怎么可能听信谗言呢；假如鬼神无知，这些谗言又有什么用呢？臣妾不但不敢做这些事，也不屑于做这些事。"汉成帝听后想了想，觉得班婕妤说的在理，又念在不久之前的恩爱之情，"怜悯之，赐黄金百斤"（《汉书·外戚传》），便不予追究，同时也以此弥补心中对她的愧疚。

不久之后，汉成帝立赵飞燕为皇后，其妹赵合德为昭仪，从此后宫便成为赵氏姐妹的天下。对汉成帝的沉沦堕落，班婕妤彻底看清了，她早已心灰意冷，思虑再三，终于做出了决定："求共（供）养太后长信宫"（《汉书·外戚传》）。汉成帝允其所请，聪慧的班婕妤把自己置于王太后的羽翼之下，无奈明哲保身去了。

福祸相依未可知，辞赋大家从此生

自此，班婕妤再也不能得到汉成帝的宠爱，远离了繁华的皇帝寝宫，从此陪伴她的只是寂寥深宫、冥寒冷月。她心如止水，形同槁木，除了陪侍王太后烧香礼佛之外，长昼无俚，弄筝调笔之余，也提笔开始涂涂写写，希冀抒发心中的感慨。唐朝诗人李益在《宫怨》诗中言："露湿晴花宫殿香，月明歌吹在昭阳。似将海水添宫漏，共滴长门一夜长。"正是描写了班婕妤在此段人生中的境况和心境。

　　不过，也正是因为这一段长久的寂寞和孤苦，才让一位名垂千古的辞赋名家从此诞生。由于从小诵读《诗经》和《窈窕》、《德象》、《女师》等作品，入宫后的班婕妤虽写了一些诗作，但从来没有像失宠之后那样文思泉涌，诗作不断。这时的班婕妤，常常将自己的哀怨之情，寄托在她所创作的诗赋上面。如后来流传下来的《怨歌行》，就是班婕妤失宠之后的代表之作。我们不妨来欣赏一下这首广为流传的五言诗，《文选》、《玉台新咏》、《乐府诗集》等古代著名诗集均有收录。全诗如下：

怨歌行

> 新裂齐纨素，鲜洁如霜雪。
>
> 裁为合欢扇，团团似明月。
>
> 出入君怀袖，动摇微风发。
>
> 常恐秋节至，凉飙夺炎热。
>
> 弃置箧笥中，恩情中道绝。

　　这是一首咏物言情诗，借团扇来比喻嫔妃虽曾受恩宠，但最后终遭遗弃的不幸命运，抒发了诗人在失宠后幽居深宫的郁闷和哀怨，也表达自己的不满和无奈。虽字字言扇，却句句皆怨。南朝梁学者钟嵘在《诗品》中评论说："《团扇》短章，辞旨清捷，怨深文绮，得匹妇之致。"给了班婕妤此诗极高的盛赞和推崇。

　　这首《怨歌行》也使历代的文人为之钦佩，他们或品评，或和吟，或寄情，产生过不少动人的诗文和画作。好多名家把《怨歌行》看作宫廷诗歌的开山之作。三国文学家曹植《班婕妤赞》："有德有言，实惟班婕。盈充其骄，穷其厌悦。在夷贞艰，在晋正接。临飙端干，冲霜振叶。"三国学者陆机《婕妤怨》："婕妤去辞宠，淹留终不见。寄情在玉阶，托意惟团扇。春苔暗阶除，秋草芜高殿。黄昏履綦绝，愁来空雨面。"南朝梁刘孝绰《班婕妤怨》："应门寂已闭，非复后庭时。况在青春日，萋萋绿草滋。妾身似秋扇，君思绝履綦。谁忆游轻辇，从今贱妾辞。"

班婕妤在此期间，还写过一首更有名的《长信宫怨》。其辞曰：

承祖考之遗德兮，何性命之淑灵，登薄躯于宫阙兮，充下陈于后庭。蒙圣皇之渥惠兮，当日月之盛明，扬光烈之翕赫兮，奉隆宠于增成。既过幸于非位兮，窃庶几乎嘉时，每窹寐而累息兮，申佩离以自思，陈女图以镜监兮，顾女史而问诗。悲晨妇之作戒兮，哀褒、阎之为邮；美皇、英之女虞兮，荣任、姒之母周。虽愚陋其靡及兮，敢舍心而忘兹？历年岁而悼惧兮，闵蕃华之不滋。痛阳禄与柘馆兮，仍襁褓而离灾，岂妾人之殃咎兮？将天命之不可求。白日忽已移光兮，遂暗莫而昧幽，犹被覆载之厚德兮，不废捐于罪邮。奉共养于东宫兮，托长信之末流，共洒扫于帷幄兮，永终死以为期。愿归骨于山足兮，依松柏之余休。

该诗从自己入宫受宠写起，一直写到顾影自怜，自己爱惜羽毛，而摒绝繁华，效法古代贞女烈妇，甘愿幽居长信宫中，孤灯映壁，房深风冷，想起旧日与皇上的恩爱之情，不觉珠泪飘零，令人肝肠寸断，日日夜夜无情吞噬着她花样的年华，最后写到只希望百年之后，能埋骨故乡的松柏树下。诗歌凄怆悲伤，令人不忍卒读。

绥和二年（公元前 7 年），汉成帝一夜暴卒，朝野归罪于赵氏姐妹，传说是赵氏姐妹致汉成帝服食过多春药而亡。赵合德接着畏罪自杀。数年后，曾贵为皇太后的赵飞燕也接着自杀，离开繁华人世。

汉成帝死后，班婕妤申请去守护陵寝。在荒漠的山野，在孤寂哀伤中，班婕妤空对着石人石马，谛听着松风天籁，见香烟缭绕，残月冷清，她孤独地打发着流年。不知过了多少岁月，50 岁的班婕妤凄然辞世，死后葬于延陵。

虽然《汉书》中对班婕妤的评价只有一个字"薨"，而评价赵飞燕与赵合德二人则是"诛"字，但史家笔法，微言大义，或许正是因为这一个字便落定了班婕妤一生的褒贬。

不过，历史终究还是公正的。虽然《汉书》只用了"薨"一字对班婕妤做结，但后世文人对于她的讴歌却从未间断，她的传奇故事也永远流传在人间，并一直绚烂辉煌。西晋文学家傅玄评价："斌斌婕妤，履正修文，进辞同辇，以礼匡君，纳侍显德，说对解纷，退身避害，志邈浮云。"西晋女诗人左芬美赞："恂恂班女，恭让谦虚，辞辇进贤，辩祝理诬，形图丹青，名侔樊虞。"像傅玄、左芬一样对班婕妤提出美赞的文艺名家数不胜数，因为，在她们心中的班婕妤远远不止"薨"一字，她有着出色的才华和美貌，最令后世侧目的还是她那大放光彩的文学名篇《怨歌行》、《自悼赋》、《捣素赋》……

卓文君：贵妇新寡遭遇风流才子

在四川省邛崃市（古称临邛）文君井篆刻着一副长联："君不见豪富王孙，货殖传中添得几行香史；停车弄故迹，问何处美人芳草，空留断井斜阳；天涯知己本难逢，最堪怜，绿绮传情，白头兴怨。""我亦是倦游司马，临邛道上惹来多少闲愁；把酒倚栏杆，叹当年名士风流，消尽茂林秋雨；从古文章憎命达，再休说长门卖赋，封禅遗书。"

这一副长联赞美的主人公不是别人，正是家喻户晓的东汉才子佳人司马相如和卓文君。司马相如大家已是耳熟能详了，那么佳人卓文君呢，她又是一个怎样的女人？当年作为豪门寡妇的她为何要与穷小子司马相如半夜私奔呢？"当垆沽酒"的典故又是从何而来？

出身冶铁富豪之家，豆蔻年纪初嫁新寡

卓文君这个女人不简单，在历史上有着比较重要的地位，不仅被评为"蜀中四大才女"，还被评为"中国古代四大才女"，可想而知其一定是有相貌和才华的。那么，她的才华到底是不是名副其

实，她又到底出生在何等的家境？请随笔者一同去细细浏览。

据史料记载，卓文君的家境还真不一般。她姓卓，是当地有名的冶铁大户。最开始，卓家的祖先居住在先秦时的赵国，当时赵国首都邯郸是最著名的冶铁中心，卓家就借助这种大好的经济形势，以冶铁致富。后来，秦始皇开始攻打其他六国，准备一统天下，赵国邯郸的卓家为了避难，便悄悄辗转迁移到了蜀地的偏僻小城临邛县定居。这个临邛县不是别处，正是当前的四川省邛崃市。到了临邛之后，卓家依旧干起当年的老行当，以冶铁为业。又经过几百年的发展与变迁，到了西汉的文景之治时，卓家已传到了卓王孙这一代了。这个卓王孙就是卓文君的老爹，临邛县有名的超级富豪。

西汉王朝对一切经济活动采取了自由放任的政策，所谓"开关梁，驰山泽之禁"，再加上社会安定，"矿老板"卓王孙在临邛县以廉价食物招募贫民开采铁矿，冶炼生铁，冶铸铁工具，供应当地民众和附近地区的少数民族生产生活之用，还远销到云南、广西等地。由于他善于经营，很快就成为临邛甚至蜀地的巨富。据史料记载，卓王孙家"良田千顷，家童千人；华堂绮院，高车驷马；至于金银珠宝，古董珍玩，更是不可胜数"，真是富可敌国。不过，这也很正常，李白的父亲不也是矿石老板吗？一般大一点的煤矿老板、金老板都是很有钱的，正如西汉学者桓宽撰写的《盐铁论》就介绍：殷实之家"聚众或至千余人，大抵尽收放流人民也，远去多里，弃坟墓，依倚大家，聚深山穷泽之中"。

卓文君就出生在这样一个超级富豪之家，用现在的话说，她可是典型的"超级富二代"，类似于当今矿老板、煤老板、金老板的千金小姐。从小穿得好，吃得好，耍得好，还会打扮化妆，又加上其漂亮母亲的优秀遗传基因，卓文君可真是姿色娇美，身材苗条，令人心醉呢。从小，卓文君还学习音乐，精通音律，善弹琴，还能作诗填词，在临邛也是响当当的才女，绝不像当前个别的"富二代"们吸毒抽粉，早恋打架，还一脸酒气到处撒泼欺负贫寒老百姓。

长得漂亮，又有才华，家里还有钱，卓文君家的门槛被求亲的队伍几乎都踏平了。"男大当婚，女大当嫁"，经过精挑细选，卓王孙便给女儿定了一个富豪之家，所谓"门当户对"，共同兴旺，一起发财。

本以为这一生会平淡度过，哪里知道不久就出现了变故。16岁的卓文君刚嫁给新郎君没多久，那短命的丈夫就不幸生病去世了。这个新寡的女人，在婆家受到了万般刁难，再也不好意思待下去，索性又打道回娘家居住，从此寡居在家里独自赏月吟诗，打发无聊的青春和时光，直到穷才子司马相如的出现。

家中迎来风流才子，一把瑶琴俘获芳心

按封建束缚，一般情况下，卓文君可能会在家守寡一辈子。当然，她也有可能被父亲再次嫁给另一个富豪之家。但是，万万没有想到，卓文君生命中的如意郎君不再是什么富豪，也不是什么大官，而是一个当时还名不见经传的落魄才子司马相如。

这个司马相如是成都人，因仰慕先秦时赵国蔺相如的为人行事，便以"相如"作为自己的名字，立志要干一番大事，名垂千古，光照后世。最开始，司马相如在文翁学校（四川省最好的大

学）还没毕业，就被父母花钱去买了一个当兵的职务，当时称为"武骑常侍"，就是骑马的"兵哥哥"。在京城长安站岗之时，司马相如有幸遇到了人生中第一个伯乐，他就是当时的"文坛盟主"梁王，这个人是汉景帝同母所生的弟弟。由于身份尊贵，又喜欢文学，"盟主"梁王身边聚集了一大批著名的辞赋家，有邹阳、枚乘、严忌等追随，他们既是贵族与民众的关系，又是文学知己。作为文学青年的司马相如看到这种情况后，那是相当倾慕，索性兵也不当了，直接辞去了好不容易买来的武骑常侍的工作，铁了心要追随梁王去搞文学。去了梁地，他作赋弹琴，生活惬意而滋润。梁王也很欣赏司马相如的才华，还特别赐给了他一把琴，上面刻有"桐梓合精"的字。司马相如也就是用这把琴弹奏《凤求凰》，搞定了富贵寡妇卓文君，不过那都是后话了。

司马相如运气不好，跟梁王没混几年，这个"盟主"就生病死了。无奈之下，司马相如只得卷铺盖回到老家成都。这时，他的父母已经过世，家里境况早就不比以前那么宽裕。没有办法，司马相如只得去投奔自己的同学，儿时的伙伴——临邛县令王吉。王吉深知司马相如的才华，认为他不会久居人下一直落魄，将来肯定会有出头之日。在临邛期间，王吉对司马相如十分尊敬，除了好吃好喝招待外，还天天到家拜访问候。

这时卓文君的老爹——超级富豪卓王孙，看到一县之长王吉居然对一个落魄才子如此恭敬，心中十分纳闷和不解，便有意结识一下这个神秘人物司马相如。一次，卓王孙请了该县的富豪官员们到家吃饭，司马相如自然也在被邀之列。

虽然被邀请了，司马相如并没有像其他大腕一样爽然赴约，他故意摆架子不给面子，谎称自己有病不能前往。卓王孙更是纳闷了，便问县令王吉怎么回事。王吉听了默而不语，只是微微一笑，便乘车去司马相如家里亲自相迎。这下，司马相如的架子也是摆足了，便爽快地拉着县令王吉的手，坐车到了卓王孙的豪宅。

宴会上，大家敬酒的敬酒，划拳的划拳，说荤笑话的说荤笑话，个个玩得不亦乐乎。酒到酣处，有宴客提议让司马相如弹奏一首曲子尽兴，县令王吉也发话力邀。司马相如这次到没有推辞，爽快地走到前台，抚琴弹奏了一曲著名的《凤求凰》。

正在房间内屋的卓文君听到琴声，觉得此曲婉转动人，如潺潺溪水，粼粼波涛，便偷偷地从门缝中偷看。这一看不知道，再看就被司马相如的气派、风度和才情所吸引，顿时产生了敬慕之情。司马相如也发觉有女子在偷看，当即猜到是卓文孙新寡的女儿卓文君。他知道卓文君才华横溢，还十分漂亮，其实早就有打她主意的打算。此次来赴宴，说不准就是与好友县令王吉合谋的计策。

宴会完毕，司马相如立即托人以重金赏赐卓文君的侍者，向她转达倾慕之情。这卓文君看到情书之后，心中真是兴奋万千，那一片爱情的涟漪，迅疾就被司马相如撩拨得久久荡漾。于是，卓文君再也顾上败坏门风，半夜趁着月光就逃出家门，与司马相如一同私奔了。两人火速赶回了成都，过起了令人陶醉的幸福日子。

才子佳人坐吃山空，无奈回乡当垆卖酒

一个是风流才子，一个是富家千金，两人都没有吃过苦，仅凭一时的激情，便回成都享受浪漫爱情。哪里知道现实如此残酷，没

过多久，两人就囊中羞涩，生活陷入窘迫之中。

怎么办？不可能继续这么困顿下去吧，那样可真得把人给饿死了。小两口晚上躺在床上开始琢磨起未来的出路，经过细细商量，他们心中有了主意。"走，回临邛做小生意去。我不相信我老爹卓王孙会眼睁睁地看着他的女儿女婿受穷受苦！"

在卓文君的建议下，司马相如立即变卖了车马。两人带着寒酸的钱财又回到了临邛，开了一间小酒家。卓文君当垆卖酒，掌管店务；司马相如系着围裙，夹杂在伙计们中间洗涤杯盘瓦器。临邛城中顿时沸腾了，"小店西施来临邛了，她可是首富卓王孙的女儿！""走，去看看这个富家千金去！"这一消息当即就炸了锅，很多人都去看稀奇。很快，卓文君卖酒的消息就传到了卓王孙的耳朵里。"我真是倒了八辈子霉，怎么会摊上这么一个不听话的女儿，真是把脸丢尽了，丢尽了也！"

卓王孙深以为耻，觉得再没脸见人，就整天躲在家里大门不出。当时，卓王孙的亲戚朋友都劝他："你只有一子二女，又不缺少钱财。如今文君已经委身于司马相如，生米都煮成熟饭了，你还能怎么办？再说司马相如这小子虽然穷了点，但好歹是个人才，县令王吉都看重他，以后必定有大出息，你就帮一帮他们吧！"卓王孙无可奈何，只得分给卓文君奴仆百人，铜钱百万，又把她出嫁时的衣被财物一并送去。于是，卓文君和司马相如带着巨额资产双双回到成都，购买了良田美地，还修了别墅豪宅，开始过上了富足的生活。

相如文章惊动帝王，饱暖思淫纳妾忘乡

或许卓文君真的有旺夫相，而司马相如这个才子命好，被卓文君这么一旺，就旺进了皇宫。

很快，景帝驾崩，汉武帝即位了，这位雄才大略的皇帝开始了他远大的征程。武帝喜欢辞赋，对文学有一定研究。有一天，他正在宫内看书，突然看到了《子虚赋》，心中大为感叹："我要是能和这个作者生活在同一个时代就好了。"

没想到武帝这么一感叹，太监杨得意便插了一句："陛下洪福齐天，这个作者就是司马相如，就生活在当下，按理说我还和他认识呢！"

"真的，你快快把他给我找来！"于是，汉武帝召见了司马相如。司马相如又竭尽才智写了一篇《上林赋》，盛赞皇帝狩猎时的盛大场面，举凡山川雄奇，花草繁秀，车马烜赫，扈从壮盛，皆纷呈字里行间。好大喜功的汉武帝一见之下，立即拜司马相如为郎官。不久之后，司马相如又凭一支生花妙笔，以一篇檄文，晓以大义，剖陈利害，并许以赏赐，消弭了巴蜀两地不稳的情势。汉武帝大喜，再拜其为中郎将，持节出使西南边陲地区，对蛮夷进行宣慰。司马相如拥旌旗、饰舆卫，声势赫耀地回到了成都。

这时，卓文君的老爹卓王孙可是彻底佩服了，自己当初看不上的女婿如今当了钦差大臣，连蜀郡的一把手也要去城外迎接，真是给他卓家长脸了。卓王孙感到十分光彩，执意挽留这位乘龙快婿与宝贝女儿小住数日，同时宴请四方宾客，在临邛好好炫耀了一把。

"饱暖思淫欲，饥寒起盗心。"司马相如这一当官，也不免有了

享乐的想法，吃着碗里，望着锅里。他时常周旋在脂粉堆里，竟然还想纳茂陵女子为妾，这时卓文君真有了"忽见陌上杨柳色，悔教夫婿觅封侯"的酸楚感慨。

不，绝不！卓文君想到司马相如的绝情，心中的恨和苦无处诉说。难道自己一直深爱的男人，也是始乱终弃的人吗？在锦衣玉食之时，竟要抛弃糟糠之妻。卓文君很是气愤："你这个忘恩负义的东西，当年你家徒四壁，我顶着家里的压力，和你私奔。没有嫌弃你穷，没有嫌弃你没身份，后来还和你一起出谋要了我父亲的几百万巨款。没有我，你能有现在的成就，还能有美貌的才女喜欢你？"卓文君越想越气，遂写了一封回信和一首诗。这封信很有才气，令人读之动容。回信如下："一别之后，二地悬念，只说是三四月，又谁知五六年，七弦琴无心弹，八行书无可传，九连环从中折断，十里长亭望眼欲穿，百思想，千系念，万般无奈把郎怨，万言千语说不尽，百无聊赖十依栏，重九登高看孤雁，八月中秋月不圆，七月半烧香秉烛问苍天，六月伏天人人摇扇我心寒，五月石榴如火偏遇阵阵冷雨浇花端，四月枇杷未黄我欲对镜心意乱，急匆匆三月桃花随水转，飘零零二月风筝线几断，郎呀郎，巴不得下一世你为女来我做男！"

又作《白头吟》一首以示悲凄：

白头吟

皑如山上雪，蛟若云间月。

闻君有两意，故来相决绝。

今日斗酒会，明旦沟水头。

躞蹀御沟上，沟水东西流。

凄凄复凄凄，嫁娶不须啼。

愿得一心人，白头不相离。

竹竿何袅袅，鱼尾何徙徙。

男儿重意气，何用钱刀为。

并附书："春华竞芳，五色凌素，琴尚在御，而新声代故！锦水有鸳，汉宫有水，彼物而新，嗟世之人兮，瞀于淫而不悟！"随后再补写两行："朱弦断，明镜缺，朝露晞，芳时歇，白头吟，伤离别，努力加餐勿念妾，锦水汤汤，与君长诀！"

司马相如收到卓文君写的诗和信后，一读惊叹不已，二读肝肠寸断，三读悔恨万千。夫人的才思敏捷，和对自己的一往情深，都使他心弦受到很大的振动，越想越觉得对不起这个女人，他良心发现，便打消了纳妾休妻的打算。

后来，司马相如因病免官，离开京城。于是，卓文君与司马相如去了林泉，在那里又度过了十年恩爱岁月。当时汉武帝说："司马相如病得很厉害，可派人去把他的书全部取回来；如果不这样做，以后就散失了。"当官员赶到司马相如家时，相如已经死去，家中没有书。询问卓文君，她回答说："长卿本来不曾有书。他时时写书，别人就时时取走，因而家中总是空空的。长卿还没死的时候，写过一卷书，他说如有使者来取书，就把它献上，再没有别的书了。"他留下来的书写的是有关封禅的事，进献给所忠。所忠把书再进献给汉武帝，汉武帝惊其为奇书。司马相如死后一年，霜降草枯，长空雁鸣，形影相吊，孑然一身的卓文君悲苦难熬，也随丈夫去了九泉之下。

不过，卓文君的肉体虽然香消玉殒，但她的才华和爱情故事一直被后人祭奠。明人胡应麟在《诗薮》外编卷就赞曰："论及汉魏间夫妇俱有文辞而最名显者，首推司马相如和卓文君。"清朝文学家王闿运则赞曰："卓文君为古今女子开一奇局，使皆能自拔耳。"

另外，在卓文君的故乡邛崃市，也有不少后人为了纪念卓文君，专门修了文君街、文君井，其甘甜的井水孕育过一代又一代不朽的文人。"雪下文君沽酒肆，云藏李白读书山。"晚唐郑谷如此评价。大文学家郭沫若也曾题诗曰："文君当垆时，相如涤器处。反抗封建是前驱，佳话传千古。"

卓文君·贵妇新寡遭遇风流才子

蔡文姬：名扬千古的"文二代"

在中国古代文学史上，能够流传下来的女诗人几乎都有一个共性，她们均是"文二代"或"文三代"，比如唐朝女才子上官婉儿的爷爷就是宰相文豪上官仪；宋朝最牛女词人李清照的父亲李格非就是有名的词作家；而东汉的蔡文姬也不例外，她的父亲是名扬千古的大文学家蔡邕。在封建时代，女性要想在文学上有所造诣，除了具备良好的家庭环境之外，遗传基因也占很大一部分。那么，今天要讲的"文二代"蔡文姬，她到底又有哪些不为人知的故事呢？与其他女才子相比，她的特殊性在什么地方呢？

父亲是鼎鼎有名的文豪

蔡琰，字文姬，到底生于哪一年，史料也没有明确记载，有的说是 174 年，有的说是 177 年，但大都是猜测，没有严谨的历史依据。不过可以肯定的一点，蔡文姬是东汉陈留圉人，是大文学家蔡邕的女儿。这个陈留圉在哪里呢，就是现在河南省开封市的杞县圉镇。蔡邕呢，字伯喈，在东汉时期那是无人不知，无人不晓，是当时著名的文学家、书法家，生于 133 年，死于 192 年，活了 59 岁。

因官至左中郎将，后人称他为"蔡中郎"，大概就是三品级别，正部级官员。由于在当时很有文名，蔡邕参与续写了《东观汉记》，参与刻印了《熹平石经》。董卓掌权时，强召蔡邕，拜左中郎将，随献帝迁都长安，并封高阳乡侯。

蔡邕精通音律，才华横溢，除通经史、善辞赋等文学创作外，书法精于篆、隶，尤以隶书造诣最深，名望最高，世人有"蔡邕书骨气洞达，爽爽有神力"的评价。他还自创"飞白"书体，对后世影响甚大。当时，蔡邕与曹操、王粲等人都比较友好，经常坐在一起喝茶聊天交流文学，名声肯定是很大的，受到时人的推崇和赞美。

蔡文姬有这么一个文豪老爸，除了继承了优秀的遗传基因外，还得到了不少精髓的指点，再加上她本身聪慧，又十分刻苦，其文学和音乐方面的造诣更是惊人。有史料记载，蔡文姬6岁时有一次听父亲蔡邕在大厅中弹琴，隔着墙壁她就听出了父亲把第一根弦弹断的声音。其父惊讶之余，又故意将第四根弦弄断，居然又被她指出。此事在当时广为流传，蔡文姬精通音乐的名声自小也就远播四方，成为远近闻名的小才女。

当才女遇到世纪战乱

如果没有战争，蔡文姬或许会成为一位只写风月的旷世奇女，她的生活也会悠闲而快乐。但是，蔡文姬遇到了三国战乱，她的命运也不得不因此而改变。

长大后的蔡文姬经媒妁之言，嫁给了河东卫家，丈夫卫仲道是大学出色的士子。这个卫仲道是汉代将军卫青的后人，他家在河东属于名门望族。蔡文姬本以为能和丈夫享受幸福人生，哪里知道好景不长，不到一年卫仲道便因咯血而死。两人还没来得及生子女，卫仲道便撒手人寰。守寡的蔡文姬遭到卫家人嫌弃，认为这个年轻女人命太硬，居然"克死丈夫"。正年少气盛、心高气傲的蔡文姬，哪里受得了这样的白眼和冤枉。卫仲道自己有病不幸去世，卫家却把矛头对准她一个弱女子。再说，卫仲道是自己的丈夫，哪个女人不爱自己的丈夫，希望丈夫暴病身亡呢。怀着沉痛的心情，蔡文姬不顾父亲的反对，愤然回到了娘家。

在娘家也没过上几天平静的日子，不久之后，一代大奸臣董卓就被贪恋女色的吕布给砍掉了脑袋，他的部将李傕等人在贾诩的建议下绝地反击又攻占长安，军阀混战的局面自此形成。羌胡番兵乘机掠掳中原一带，蔡文姬与许多被掳来的妇女一齐被带到了南匈奴，这一年蔡文姬23岁，正是如花似玉的年龄。可是，哪里知道，她这一去，就是整整12年。在胡地，蔡文姬日夜思念故土，后来回到汉地参考胡人声调，结合自己的悲惨经历，还专门创作了哀怨惆怅、令人断肠的琴曲《胡笳十八拍》。

待在南匈奴的12年里，中原也发生了剧变。汉献帝被曹操迎到许都，曹操挟天子以令诸侯，基本扫平了北方群雄，当上丞相。当他得知自己的好友、大文豪蔡邕的女儿被掠到了南匈奴时，心情十分沉重，决心帮一帮自己老友的女儿，便立即派周近做使者，携带黄金千两、白璧一双，将蔡文姬赎了回来。

不计前嫌进宫救夫君

蔡文姬在使者周近的卫护下回到了故乡陈留郡（今河南省开封市），但是因为常年战争，家乡早已是断壁残垣，已无栖身之所。无奈之下，只有接受曹操的安排，蔡文姬嫁给了屯田校尉董祀，这一年她35岁。

嫁给董祀不久，赤壁之战爆发，曹操在战争中惨败。蔡文姬触景生情，感伤乱世，写下了著名的《悲愤诗》，该诗被称为我国诗史上文人创作的第一首自传体五言长篇叙事诗，它真实而生动地描绘了诗人在汉末大动乱中的悲惨遭遇，也写出了被掠夺人民的血和泪，是汉末社会动乱和人民苦难生活的实录，具有史诗的规模和悲剧的色彩。其诗"真情穷切，自然成文"，在建安诗歌中别构一体，奠定了蔡文姬崇高的文坛地位。

内容如下：

【其一】

汉季失权柄，董卓乱天常。志欲图篡弑，先害诸贤良。逼迫迁旧邦，拥主以自强。

海内兴义师，欲共讨不祥。卓众来东下，金甲耀日光。平土人脆弱，来兵皆胡羌。

猎野围城邑，所向悉破亡。斩截无孑遗，尸骸相撑拒。马边悬男头，马后载妇女。

长驱西入关，迥路险且阻。还顾邈冥冥，肝脾为烂腐。所略有万计，不得令屯聚。

蔡文姬·名扬千古的『文二代』

49

或有骨肉俱，欲言不敢语。失意机微间，辄言毙降虏。要当以亭刃，我曹不活汝。

岂复惜性命，不堪其詈骂。或便加棰杖，毒痛参并下。旦则号泣行，夜则悲吟坐。

欲死不能得，欲生无一可。彼苍者何辜，乃遭此厄祸。边荒与华异，人俗少义理。

处所多霜雪，胡风春夏起。翩翩吹我衣，肃肃入我耳。感时念父母，哀叹无穷已。

有客从外来，闻之常欢喜。迎问其消息，辄复非乡里。邂逅徼时愿，骨肉来迎己。

已得自解免，当复弃儿子。天属缀人心，念别无会期。存亡永乖隔，不忍与之辞。

儿前抱我颈，问母欲何之。人言母当去，岂复有还时。阿母常仁恻，今何更不慈。

我尚未成人，奈何不顾思。见此崩五内，恍惚生狂痴。号泣手抚摩，当发复回疑。

兼有同时辈，相送告离别。慕我独得归，哀叫声摧裂。马为立踟蹰，车为不转辙。

观者皆嘘唏，行路亦呜咽。去去割情恋，遄征日遐迈。悠悠三千里，何时复交会。

念我出腹子，匈臆为摧败。既至家人尽，又复无中外。城廓为山林，庭宇生荆艾。

白骨不知谁，纵横莫覆盖。出门无人声，豺狼号且吠。茕茕对孤景，怛咤糜肝肺。

登高远眺望，魂神忽飞逝。奄若寿命尽，旁人相宽大。为复强视息，虽生何聊赖。

托命于新人，竭心自勖励。流离成鄙贱，常恐复捐废。人生几何时，怀忧终年岁。

【其二】

嗟薄祜兮遭世患，宗族殄兮门户单。身执略兮入西关，历险阻兮之羌蛮。

山谷眇兮路漫漫，眷东顾兮但悲叹。冥当寝兮不能安，饥当食兮不能餐。

常流涕兮眦不干，薄志节兮念死难。虽苟活兮无形颜，惟彼方兮远阳精。

阴气凝兮雪夏零，沙漠壅兮尘冥冥。有草木兮春不荣，人似兽兮食臭腥。

言兜离兮状窈停，岁聿暮兮时迈征。夜悠长兮禁门扃，不能寝兮起屏营。

登胡殿兮临广庭，玄云合兮翳月星。北风厉兮肃泠泠，胡笳动兮边马鸣。

孤雁归兮声嘤嘤，乐人兴兮弹琴筝。音相和兮悲且清，心吐思兮胸愤盈。

欲舒气兮恐彼惊，含哀咽兮涕沾颈。家既迎兮当归宁，临长路兮捐所生。

儿呼母兮啼失声，我掩耳兮不忍听。追持我兮走茕茕，顿复起兮毁颜形。

还顾之兮破人情，心怛绝兮死复生。

战乱的影响让蔡文姬心情悲愤，又加上再婚后她和董祀的感情并不和谐，也导致蔡文姬神思恍惚，有苦难言。其实，董祀并不喜欢蔡文姬，毕竟当时他正值鼎盛年华，生得一表人才，又通书史，谙音律，在军中也是高级将领，自视甚高，对于已满35岁的蔡文姬也没有多少好感了。要不是考虑到是丞相曹操强行安排的这场政治婚姻，他董祀是不会愿意娶蔡文姬的。

但是，不久之后，因为一场变故，董祀彻底改变了自己当初的看法。据《后汉书·董祀妻传》记载，董祀为屯田都尉，犯法当死。文姬诣曹操请之。时公卿、名士及远方使驿坐者满堂。操谓宾客曰："蔡伯喈女在外，今为诸君见之。"及文姬进，蓬首徒行，叩头请罪，言辞清辩，旨甚酸哀，众皆为改容。操曰："诚实相矜，然文状已去，奈何？"文姬曰："明公厩马万匹，虎士成林，何惜疾足一骑，而济垂死之命乎！"操感其言，乃追原祀罪。翻译成现代文的意思就是：董祀犯了大罪，依法该当处死。蔡文姬顾不得嫌隙，蓬首跣足去了曹操的丞相府求情。曹操念及昔日与蔡邕的交情，又想到蔡文姬的悲惨身世，倘若处死董祀，文姬势难自存，于是宽宥了董祀。

在蔡文姬求情过程中，还有一段"默写古籍"的典故。据史料记载，蔡文姬为丈夫董祀求情时，曹操问蔡文姬："听说你家原来有很多古籍，现在还能想起来吗？"蔡文姬说："当初父亲留给我的书籍有四千余卷，但因为战乱流离失所，保存下来的很少，现在我能记下的，只有四百余篇。"曹操说："我派十个人陪夫人写下来，可以吗？"蔡琰说："男女授受不亲，给我纸笔，我一个人写给你就是。"于是蔡文姬将自己所记下的古籍内容写下来送给曹操，没有一点错误。自此，蔡文姬的名声也更为响亮了。

救下丈夫董祀后，蔡文姬与夫君回到了家里。对于妻子蔡文姬的救命恩德，董祀心里有说不出的感动，对她的感情也发生了细微变化。接着，他们夫妻俩看透了世事，便溯洛水而上，隐居在风景秀丽、林木繁茂的山麓，并生下了一儿一女，过上了幸福自由的生活。后来，曹操狩猎经过此处，还曾经前去探视过他们，给他们送了许多礼品。

一代才女名扬千古

对于蔡文姬，历代文人对其均有较高评价。明朝学者陆时雍在《诗镜总论》中说："东京风格颓下，蔡文姬才气英英。读《胡笳吟》，可令惊蓬坐振，沙砾自飞，真是激烈人怀抱。"清代诗论家张玉谷也曾作诗称赞蔡文姬的五言诗："文姬才欲压文君，《悲愤》长篇洵大文。老杜固宗曹七步，瓣香可也及钗裙。"大意是说蔡文姬的才华压倒了汉代才女卓文君，曹植和杜甫的五言叙事诗也是受到了蔡文姬的影响。现当代著名文学家郭沫若还专门写了浪漫主义历史剧《蔡文姬》，对蔡文姬进行了大力表扬，并自我标杆："我就是蔡文姬也！"

另外，各位朋友倘若还想去参观蔡文姬的遗物，可以去西安城东南蓝田县三里镇乡蔡王庄村西北的蔡文姬墓，该冢高约8米，林木葱郁，属陕西省重点文物保护单位。20世纪90年代，蓝田县又在此建文姬展览馆一座，将文姬逸事及境内出土的文物陈列展出，用四体书法镌刻《胡笳十八拍》于18块青色大理石上。1957年8

月该展览馆被列为省级重点文物保护单位。蔡文姬纪念馆收藏了有关蔡文姬的文物 130 多件，其中拥有国家三级以上珍贵文物 50 件。

不仅如此，蔡文姬的故事还传到了国外。1979 年，国际天文学联合会正式颁布了 310 座水星环形山的专有名称。它们的命名借用了世界历代著名文学艺术家的名字，中国有 15 位杰出文学艺术家的名字登上了水星环形山，蔡琰（蔡文姬）环形山就是其中之一。这些荣誉对于一个女人来说，何尝不是一种迟来的馈赠呢！

历史大咖的另一张脸 2

三国

巾帼不让须眉

貂蝉：为国捐身的女英雄

但凡世人形容上佳美女，大多会用上："昭君西施美如玉，貂蝉玉环颜如碧。"这首诗中刻画描写的几个女人便是享誉古今的中国"四大美女"，而大名鼎鼎的貂蝉则有"华日往田"之美誉。虽然貂蝉这个人物可谓家喻户晓，但毕竟她只是文学作品中不断出现的人物，比如中国"四大名著"之一的《三国演义》就对她做了浓墨重彩的介绍。但是在严谨的史料中，却鲜有关于貂蝉的详细记载。那么，神秘的貂蝉历史上是否真有其人呢？她的传奇故事又是如何流传到民间的呢？

出身是解不开的谜团

要说中国古代四大美女，只要是地球人都知道，她们分别是西施、王昭君、貂蝉、杨玉环。这四大美女享有"沉鱼落雁之容，闭月羞花之貌"的盛誉。所谓的"沉鱼、落雁、闭月、羞花"均是有精彩故事的历史典故。"沉鱼"，讲的是西施浣纱的故事；"落雁"，指的就是昭君出塞的故事；"闭月"，述说的是貂蝉拜月的故事；"羞花"，谈的是杨玉环醉酒观花的故事。四大美女合称"沉落闭羞

（势），鱼雁月花（形），华日往田（态），差闲蔼深（意）"。

接下来，我们则主要讲一讲貂蝉，即"华日往田"（态）的貂蝉。要讲她，就必须谈一谈貂蝉的出身。俗话说，"运"由天定，但"命"却依赖于出身。笔者查阅了许多史料，大概有好几种说法，这就导致了貂蝉出身始终没有定论，成为一团解不开的谜。

第一种观点来自于罗贯中的《三国演义》，这位伟大的作家在小说中对貂蝉作了交代，称其是王允的歌妓。这个王允到底是什么人呢？他是汉献帝时的大司徒，属于"三公"之列，也就相当于是宰相这号的人物。貂蝉既然是王允的歌妓，可以推断她很可能是来自民间的贫困女子，为了生计被王允收养。学者孟繁仁先生的考证与我的猜测不谋而合。貂蝉，任姓，小字红昌，出生在并州郡九原县木耳村，15岁被选入宫中，执掌朝臣戴的貂蝉（汉代侍从官员的帽饰）冠，从此更名为貂蝉。汉末宫廷风云骤起，貂蝉出宫被司徒王允收为义女，方才成就了离间董卓、吕布父子的壮举，间接改写了一代王朝的历史。

第二种观点来源于《后汉书·吕布传》："卓以布为骑都尉，誓为父子，甚爱信之。常小失意，卓拔戟掷之，布拳捷得免。布由是阴怨于卓。卓又使布守中阁，而私与侍婢情通，益不自安。"翻译成现代文的意思就是，董卓与吕布是养父子，吕布被任命为骑都尉，董卓十分信任关爱吕布。但是，吕布犯了小错，董卓便拔戟刺他，幸亏没刺中，遂让吕布暗中怀恨于董卓。后来，吕布又与董卓的婢女私通。注意，这里的婢女便是我们要提到的貂蝉。因此，从《后汉书》可以看出，貂蝉的出身不好，只是在董卓的府中当婢女。而《后汉书》是比较严谨的正史，作为一个并不算"枭雄"级的人物，《后汉书》是没有必要夸大或虚构貂蝉的，因此说貂蝉是董卓的婢女，其可信度还是很高的。

第三种观点来自《三国志·吕布传》，书中援引《英雄记》所记载："建安元年六月，夜半时，布将河内郝萌反，将兵入布所治下邳府，诣厅事阁外，同声大呼，布不知反将为谁，直牵妇，科头袒衣，相将从溷上排壁出，诣都督高顺营。"又载："布欲令陈宫、高顺守城，自将骑断太祖（曹操）粮道，布妻谓曰：'宫、顺素不和，将军一出，宫、顺必不同心共守城也，如在蹉跌，将军当于何自立乎？妾昔在长安，已为将军所弃，赖得庞舒私藏妾身耳，今不须顾妾也。'布得妻言，愁闷不能自决。"这段话说得很清楚，书中描述的那位"科头袒衣"的妇人，就是吕布的老婆貂蝉。

但是《三国志·关云长传》注引《蜀记》却又记载："曹公与刘备围布于下邳，云长启公：'布使秦宜禄行求救，乞娶其妻。'公许之。临破，又屡启于公，公疑其有异色，先遣迎看，因自留之。云长心不自安。"从这段记载中可以知道秦宜禄的妻子很有姿色，一代猛将关云长就对其爱慕有加，希望娶进家里为妻，最开始曹操是答应的。但是，后来看到这个女人太过漂亮，好色的曹操便"自留之"了。关云长心里当然很不爽，到手的鸭子飞了，看着自己心爱的女人没有得到手，心中妒火熊熊燃烧，也不顾忌什么严重后果，他一刀就把秦宜禄美貌迷人的妻子砍成了两半。关羽的忠义在《三国志》中可就鲜有体现了，看来大文学家罗贯中对关羽是过分地偏爱。后来，元人杂剧《关公月下斩貂蝉》便以此事作为素材进行再创作，秦宜禄之妻也便成了传说中的美女貂蝉，貂蝉的出身也就由此而来。

以上四种说法，只有《三国志》、《后汉书》属于正史，作为笔者来说，个人认为以上两种更为可信一些。而另外两种一是小说一是杂剧，各位读者就权当饭后茶余笑料即可。因此，貂蝉应该是吕布的妻子，或者是董卓的婢女。这两种观点结合在一起，那么貂蝉就应该是董卓的婢女，长得十分好看，吕布因为垂涎貂蝉的美色，和董卓反目成仇，便把义父给杀了，从此才有了貂蝉的传奇。对于董卓来说，貂蝉是"红颜祸水"；而对于吕布来说，貂蝉是过不了的"美人关"。

"美人计"杀董卓为民除害

前面，我们已经研究了貂蝉的出身，接下来我们再来谈一谈貂蝉的"英雄事迹"。貂蝉和西施不一样，西施原是一位贫民靓女，被迫成为越国宫人进献给吴王夫差。直白通俗的说法就是西施仅仅是两个权力争斗者泄欲的工具，她是一件货真价实的"交易品"。貂蝉是自己主动为民除害的，毕竟当时的董卓是汉末残忍的大奸臣，不仅废掉了皇帝，还搞乱了宫廷，朝中大臣被他任意宰杀，黎民百姓被他任意欺凌，宫中美女被他任意蹂躏。在这种情况下，貂蝉才勇敢地做出了牺牲。据史料记载，貂蝉见东汉王朝被奸臣董卓所操纵，眼看国将不国，民不聊生，便在月光下诚心焚香祷告上天，希望为天下分忧。她的举动恰巧又被大司徒王允瞧见，于是便被王司徒收为义女，两人商议之后定下了名垂后世的"连环美人计"，通过貂蝉离间董卓与养子吕布的关系，准备成就一番大事业。接着，大司徒王允开始了行动，他先把貂蝉暗地里许配给吕布为妻，再明着把貂蝉送给奸臣董卓做妾。貂蝉嫁给董卓之后，又立即实施自己的离间计划，她一边尽心侍奉着肥胖的董卓，让董卓沉湎于女人的欢爱之中，又暗暗对吕布暧昧送秋波，周旋于父子二人之间，目的就是要引起他们两人的内斗。吕布被貂蝉勾引得欲火难耐，却又无法得逞，心里别提有多么难受。有一天，吕布趁董卓上朝时，便觉得天赐良机，火速赶到董卓府中，将貂蝉相约到凤仪亭，希望这一次能吃到垂涎已久的"天鹅肉"。貂蝉便将计就计，在亭中与吕布谈情说爱起来，两人拥抱在一起欣赏园中的荷花，微风吹来，貂蝉秀发飘动，清香袭人，令吕布好不神往。吕布紧紧搂住貂蝉，貂蝉顺势给了这个俊伟的男人一个香吻。正当他们亲热时，哪里知道退朝的董卓刚好回来，瞧见了吕布和貂蝉在花园中正卿卿我我。董卓顿时大发雷霆，立即抢过吕布的方天画戟，狠狠地朝吕布扔去。这一戟没有刺中，吕布慌了手脚，恐慌畏惧，他没有解释，躲过画戟之后便落荒而逃。

从此之后，董卓对吕布不再信任，两人互相猜忌，心里隔了一层厚厚的纱。在一旁看戏的大司徒王允觉得时机成熟，便暗地说服有勇无脑的吕布砍掉了奸臣董卓的脑袋，自此留下了"貂蝉离间计"的旷世传说。

貂蝉·为国捐身的女英雄

死亡是一层揭不开的纱

貂蝉利用吕布杀掉董卓后，为朝廷立下大功，吕布也因此升官。这时或许是见吕布俊伟高大，又英勇过人，貂蝉与他也就日久生情，继而嫁给了武夫吕布，从此成了这位"赤兔将军"的美貌妻子，跟随他南征北战，吃尽了苦头。

据《三国志·吕布传》记载，吕布最后被曹操围困。刘备第一个跳出来极力劝说曹操定要杀掉吕布，全然不顾曾经的结盟之情。尽管吕布"负荆请罪"，但依旧没能逃脱被杀的厄运。

作为吕布妻子的貂蝉，她的美貌是无人不知无人不晓，曹操刚刚收买的武将关羽就最是喜欢，还专门请求曹操将迷人的貂蝉赐给他为妻。最开始，曹操为收买关羽的心，没多想便答应了，但哪里知道当他看到现实中的貂蝉倾国倾城，令人陶醉，立即就反悔了，迅疾将其带进后宫"自留之"。这样的事，曹操是干得出来的。《三国演义》就提到，曹操本想劝降张绣，但当看到张绣的漂亮婶婶邹氏后，不顾一切就将其霸占，从此还与张绣结了仇，错过了一次劝降收买的机会。

吕布死后，貂蝉的结局又如何呢？历史资料上记载得不多。不过，关于貂蝉的死，史界有这样几种说法。

一种宣称当时曹操将貂蝉送给了关羽，但大将军关羽并不贪恋女色，还亲自护送貂蝉回到其故乡木耳村。貂蝉自此终身不嫁，一直守节，最后终于熬成一位贞烈老妪。在貂蝉守节木耳村时，为谋生和丰富群众文艺生活，她还组织戏班到处演出，其所搭建的戏台，曾是该村的一个诱人景点。貂蝉死后，乡人为传扬她的贞洁品德，还专门修建了祠堂家庙进行祭奠。

另外一种说法是貂蝉被关羽纳为小妾，由于战事繁多，关羽托人将其送往成都定居。关羽本想在功成名就后回成都慢慢享用，不料自己兵败身死，可怜的貂蝉从此流落蜀中，成了寂寞无主的村妇。

最近网上还出现了一篇新闻，也专门提到了貂蝉的死。新闻称某老人曾于1971年在成都北郊拾得一块古碑，其铭文约略为："貂蝉，王允歌姬也，是因董卓猖獗，为国捐躯……随炎帝入蜀，葬于华阳县外北上涧横村黄土坡……"这应该是有关貂蝉下落的最新证据，但一个古碑能够证明的东西的确有限，我想它应该只能作为一种参考罢了。

貂蝉故里

貂蝉这个传奇人物，虽然并不一定在历史中真实存在，但她的英雄事迹却一直被后人不断传播，甚至一代又一代文人雅士，根据貂蝉的传奇撰写了不少优秀作品，并传播到世界各地，引起天下人的向往和青睐。

最具规模的要数元代的杂剧，对貂蝉的描写俨然形成了一个系列，其中包括《锦云堂暗定连环记》、《夺戟》、《关公月下斩貂蝉》、《白门楼吕布被擒》等，这些作品在舞台上不断上演，貂蝉的故事也逐渐深入人心。

史学家蔡东藩先生也在《后汉演义》里高度评价貂蝉："司徒王允累谋无成，乃遣一无拳无勇之貂蝉，以声色为戈矛，反能致元凶之死命，粉红英雄真可畏哉。"并说："庸讵知为一身计，则道在守贞，为一国计，则道在通变，普天下之忠臣义士，猛将勇夫不能除一董卓，而貂蝉独能除之，此岂尚得以迂拘之见，蔑视彼姝乎，貂蝉，貂蝉，吾爱之重之！"

另外，后世之人为了纪念美丽的貂蝉，常到貂蝉的故里忻州市东南三公里的木芝村（原名木耳村）去参观游览。据介绍，该村原有过街牌楼、前殿、后殿、王允街、貂蝉戏台和貂蝉墓。当地政府专门打造了貂蝉陵园，由乡民在墓地原址上复原筑砌。陵园位于村之西南，占地面积 4000 余平方米，四周围以红底黄瓦波浪式龙形围墙，门檐上悬"貂蝉陵园"横匾，两侧有"闭月羞花堪为中国骄傲，忍辱步险实令须眉仰止"金文集联。陵区北院内建拜月亭和凤仪亭，后部建青石墓台，台前有貂蝉像碑，在飘带的映衬下，貂蝉步履娴雅，婀娜多姿，犹有"闭月羞花"之貌。南院建仿古建筑 20 间，辟为"蝉彩塑馆"，反映貂蝉"不惜万金躯，何惧险象生"惊天动地的一生。

据当地乡民传说，当年关羽将貂蝉护送回了故里，便又出去打仗，没想到最后惨死他乡。貂蝉守寡一生，老死于木耳村。所以在陵园后殿有关羽像，殿前有意为貂蝉演戏的戏台，都是报答关羽拒杀和护送之恩。各位读者若有兴趣可以前往，这位传奇女佳人的故里，定有许多值得你喜欢的地方。到了那里，或许你还能找寻到那些早被湮没的蛛丝马迹……

唐

巾帼不让须眉

文成公主：终止战争的"和亲利器"

在古代，两个国家之间面临战争时，往往会采取一种比较缓和的处理方式，说得委婉一点可以用"和亲"二字作为概括，说得直白而真实一点则是一种"人身交易"。譬如先秦时，西施就作为越国的"人身利器"送给了吴王夫差，从而阻止了更惨烈的战争，换来了十余年的和平。到了大汉初年，刘邦也利用美女作为贿赂品成功解除了"白登之围"，顺利为大汉换来了休战和平。唐代也不例外，文成公主就是其中最鲜明的典型，本为宗室子女的她却冒充大唐公主，嫁给了吐蕃王松赞干布，化解了一触即发的战争，也为后世文人提供了和亲的模范文本。但是，文成公主与西施等人并不一样，她出嫁的方式、受到的待遇，以及在后世评价中，都有着不同寻常的特殊意义。

吐蕃王求亲要娶大唐公主

要说文成公主这个人，首先得看她的身世。文成公主本不是唐太宗的亲生女儿，而是大唐臣子李道宗的孩子李氏。如果不是后来吐蕃王松赞干布搅局，李氏也就不会披上公主的"外衣"，而会嫁给一位寻常大臣的儿子了此一生，或许还能过上甜蜜的婚姻生活。

然而，命运并没有给李氏这个选择的机会。那一年，松赞干布刚刚统一了吐蕃，并创立了自己的国家，还学习秦始皇嬴政统一了度量衡，在西域打开了自己的天地。有了强大的政权为依托，吐蕃王也想拥有自己的特权和荣誉。当时，西域各王以能娶大唐公主为荣，西域的突厥和吐谷浑王就迎娶了唐朝公主为妃。吐蕃王松赞干布心里就痒痒了，他也派遣使臣到了唐朝，提出要像突厥王一样，要娶唐朝公主为妻。但是，求婚的事却因为吐谷浑从中作梗给搅黄了。

这个事并不是空穴来风，而是有史料作证。"宋朝四大书"之首的《册府元龟》中就记载："初至，大国待我甚厚，许嫁公主。会吐谷浑入朝，有相离间，由是礼薄，遂不许嫁。"这段话说得很清楚，本来唐太宗对吐蕃使臣还是不错，但是由于吐谷浑王离间说坏话，大唐便对吐蕃使臣轻视了，还不愿意许配公主。

既然吐谷浑王这么不仗义，背后做小人，那么松赞干布可不会这么轻易算了，于是具有雄才大略的松赞干布立即组织军队，开始进攻吐谷浑。很快，没多少实力的吐谷浑王就被松赞干布打败了。之后，松赞干布又一鼓作气攻下了党项、白兰羌，直逼唐朝的松州（今四川省松潘县），扬言若大唐不许配一个公主，他就要大举入侵唐朝，抢也要抢一个公主回去。

松赞干布太天真了，这时的大唐可不是末期的汉朝。当时，大唐有伟大的军事家侯君集在世。侯君集派遣先锋牛进前去迎击松赞干布军队，自己又率领主力大军往松州方向赶去准备一举歼灭。哪里知道，侯君集主力还没赶到，松赞干布就被牛进的部队给击败了。

这一下尝到大唐军队的厉害，吐蕃王松赞干布感到非常害怕，立即率领部下退回到了吐谷浑、党项、白兰羌境内，并派遣了自己的亲信大使——宰相禄东赞前往大唐谢罪，并带了黄金五千两及相等数量的其他珍宝正式向大唐下聘礼，希望以诚心感动太宗皇帝，为自己迎娶到了一个漂亮的公主妻子。

吐蕃王诚心要娶大唐公主的消息立即便传遍了全国，天下百姓及四方诸侯都在等待着天子的最终回答，一次命运的转折却悄悄地走近了毫不知情的李氏。

大唐王朝"六难婚使"试诚意

虽然，大唐军队打败了吐蕃，却让唐太宗看到了吐蕃的实力。作为一代雄主的李世民认为吐蕃王的确有迎娶公主的条件，于是便松口答应了这门婚事，并安排了李道宗的女儿李氏作为公主远嫁过去。但是，唐太宗虽然答应了，却设计了许多难题试验吐蕃婚使的诚意。

由于当时天竺、格萨、大食、霍尔等地的国王均派遣了使臣到大唐进贡，并提出求婚希望迎娶漂亮的文成公主。唐太宗顿时有了主意，他立即决定让各国婚使比赛智慧，要是谁在比赛中胜出，谁才可以把美貌的公主迎回国，这便是历史上有名的"六试婚使"。

第一试：用一根柔软的绫缎穿过明珠的九曲孔眼。比赛开始，其他几国的使臣绞尽脑汁也未能穿过去。聪慧的吐蕃使臣禄东赞找来一根丝线，将丝线的一头系在蚂蚁的腰上，另一头则缝在绫缎上。接着，他在九曲孔眼的端头抹上蜂蜜，当蚂蚁闻到蜜味，便带着丝线，顺着弯曲的小孔，缓缓地爬了进去，结果绫缎也随着丝线穿过了九曲明珠。

第二试：辨认一百匹骒马和一百匹马驹的母子关系。比赛一开始，各国婚使便争先辨认起来，他们分别按照毛色、老幼、高矮等方法辨认，但都没能准确认出。这时，吐蕃的使臣想起自己曾经得到过马夫的指教，便把所有的母马和马驹分开关在不同的房间。然后，他吩咐不准给马驹投料，也不给水喝。过了一天，当马驹重新放回马群中时，口渴难耐的小马驹很快就找到了自己的母亲。禄东赞采用了换位思考的办法，既然让人来识别马驹和骒马的母子关系，还不如将难点甩给小马驹，有哪一个孩子不认识自己的母亲呢？因此，吐蕃使臣在这一局中完胜其他诸国使臣，离迎娶文成公主进了很大一步。

第三试：规定百名求婚使者一日内喝完一百坛酒，吃完一百只羊，还要把羊皮鞣好。比赛开始，别的使者和随从匆匆忙忙地把羊宰了，弃得满地又是毛，又是血；接着大碗地喝酒，大口地吃肉，肉还没有吃完，人已酩酊大醉，哪里还顾得上鞣皮子。禄东赞则让跟从的一百名骑士排成队杀了羊，并按顺序一面小口小口地咂酒，小块小块地吃肉，一面鞣皮子，边吃边喝边干边消化，不到一天的工夫，吐蕃的使臣们就把酒喝完了，肉吃净了，皮子也搓鞣好了。

第四试：太宗交给使臣们松木一百段，让他们分辨其根和梢。禄东赞遂令人将木头全部运到河边，投入水中。木头根部略重沉入水中，而树梢那边较轻则浮在水面，木头根、梢显而易见。

第五试：怎样在夜晚出入皇宫不迷路。晚上，宫中突然擂响大鼓，皇帝传召各路使者赴宫中商量事情。禄东赞想到初来乍到长安，路途不熟，为不致迷路，就在关键路段涂上颜色。到皇宫以后，皇帝又叫他们立即回去，看谁能不走错路回到自己住处。结果，禄东赞凭着自己事先做好的记号，再次取得了胜利。

第六试：辨认公主。这天李世民在殿前亲自主试。300名衣着华丽、相貌仿佛的宫女，分左右两队依次排开，宛如300名天仙，令人眼花缭乱，遐想连篇。其他各国使者被宫女们的美貌吸引了，也分不清到底哪位才是文成公主。只有禄东赞因为事先做了准备工作，知道文成公主眉目娟丽，体态窈窕，肤色白皙，双眸炯炯有神，右颊有骰子点纹，左颊有一莲花纹，额间、颈部各有一颗痣。通过这些特征，禄东赞反复辨认，终于在左边排行中的第6位认出了文成公主，取得了最后的胜利，成就了千古佳话。

庞大队伍浩浩荡荡开进吐蕃

确定文成公主远嫁吐蕃王松赞干布后，唐太宗开始下令着手准备送亲的队伍。当时的情况是这样，朝廷安排文成公主的亲生父亲李道宗为送亲的主婚使节，另外还准备了丰厚的嫁妆。比如各种五行经典、工艺技术、纺织农稼，还有医学论著和医疗器械，而最珍贵的一件陪嫁，则是释迦牟尼十二岁等身像。另外，送亲队伍还带了大量书籍、乐器、绢帛和粮食种子，队伍中不乏文士、乐师和农技人员。唐太宗除了准备丰厚的婚礼外，为什么还要送去文士和农机人员呢？原来他有远大的打算，希望此次和亲不仅是对吐蕃进行笼络，还要千方百计从经济和文化上使吐蕃在潜移默化中感激和追随大唐。

贞观十五年（公元 641 年）正月，文成公主在其父亲李道宗的护送下，随吐蕃请婚使节踏上了西去的道路。他们一行从长安出发，途经陇南（今甘肃省陇南市）、西海（今青海省青海湖）、吐蕃（今西藏地区）等地，虽历尽千险，但也留下不少传说。比如青海湖的由来，据藏民传说，当时唐太宗知道汉族子女远嫁他乡定会思念长安，为了解文成公主的思乡之苦，便赐给了她一面宝镜。无论文成公主身在何处，只要拿出宝镜出来，镜中定会显出长安的景象。这有一点像当今的照片和视频，但不过当时技术可没这么高超。不管怎样，唐太宗在这一点上还是很有心了。但是，文成公主却在唐蕃分界之地，准备弃轿乘马时，没有将宝镜带走。这面留下的宝镜，自此便成了美丽的青海湖。湖水荡漾，清澈如镜，文成公主一面走一面回头流泪，竟不知不觉流成了"倒淌河"，所以才会有"天下江河皆东去，唯有此水向西流"。然而，故事虽美，但终究是传说。正如后羿射日一样，怎么可能一把铁箭就能射穿比火还烈的太阳呢。

另外，送亲队伍经过林芝地区时，为了辟邪，文成公主便穿着兽皮，希望可以平安经过。进入藏区后，文成公主又将用过的兽皮赐给了该地的门巴侍女。哪里想到，自此之后，门巴族的女子便有了披羊皮为饰的风俗。少女披羊尾和四条腿俱全的小羊皮，成年女子披牛犊皮或山羊皮，习俗从此沿袭至今。

经过一个多月的长途跋涉，文成公主一行到达了黄河的发源地河源，而松赞干布早已率领着自己的大部队到此地迎接自己心爱的新娘。当看到大唐使臣江夏王李道宗时，松赞干布立即纳头便拜，行了子婿大礼。李道宗立即请出貌美如花的文成公主与松赞干布相见，这位驰骋高原的吐蕃王一见到中土的金枝玉叶，顿时为之倾倒。

接着，送亲和迎亲的队伍前呼后拥、浩浩荡荡进入了逻些城（今拉萨）。在江夏王李道宗的亲自主持下，松赞干布与文成公主按照汉族的礼节，举行了盛大无比的婚礼，全城的老百姓都欢欣庆贺。松赞干布搂着漂亮的文成公主，别提有多高兴了，他自豪地对部属说："我的族人，我的父亲，他们都没有与大唐通婚的先例。今天，我做到了，并娶了靓丽的大唐公主为妻，这是我的荣耀，也是我们吐蕃国的荣耀。因此，我要宣布，马上为公主修筑一座华丽的宫殿，以留示后代。"

听到松赞干布的承诺，文成公主心里有了一丝欣喜。是的，他以为自己会嫁给一位野蛮的异域国王，自己会被用来发泄性欲，根本不敢奢望有什么爱情。但是，当自己看到松赞干布的那一刻起，她知道自己此次的出嫁并没有想象的那么糟糕。

松赞干布为其修建一座城

据相关史料记载，松赞干布没有食言，他很快就开始了自己的行动，修建新城——布达拉宫。由于松赞干布非常喜欢贤淑多才的文成公主，在前面做出修建新城的承诺之后，他接着立即安排手下专门为文成公主修筑布达拉宫，共有 1000 间宫室，富丽壮观。（可惜布达拉宫后来毁于雷电、战火，经过 17 世纪的两次扩建，形成现在的规模。布达拉宫主楼 13 层，高 117 米，占地面积 36 万余平方米，气势磅礴。）当前，若去布达拉宫旅游的客人则会发现，宫中还保存有大量内容丰富的壁画，其中就有唐太宗六难吐蕃婚使禄东赞的故事，文成公主进藏一路遇到的艰难险阻，以及抵达拉萨时受到热烈欢迎的场面等。这些壁画构图精巧，人物栩栩如生，色彩鲜艳。西藏的布达拉宫遗址后面还有松赞干布当年修身静坐之室，四壁陈列着松赞干布、文成公主、禄东赞等的彩色塑像。

不过，也有学者提出，松赞干布为文成公主修建布达拉宫属于子虚乌有。他们认为，布达拉宫是由松赞干布的天祖（高祖父的父亲）赞普拉脱脱日年赞首建，而后在尼妃赤尊的主持下进行了扩建，形成了更为盛大的规模。文成公主入藏时，松赞干布和他的后妃们早已在布达拉宫中居住多时，所谓布达拉宫是松赞干布专为文成公主而建，其实是一个弥天大谎。

不管学者如何争论，笔者认为应以教科书为准，虽然也不一定是历史的真实，但暂且以此为依据吧。

除了修建布达拉宫，松赞干布还答应了文成公主建寺弘法的建议。据《大昭寺志》记载，公元 639 年，墀尊公主已开始选址造寺，只是占卜所选的地方是拉萨的沼泽地，虽然奠了基，但这座寺不是建了倒塌，就是怎样也建不起来。文成公主到了西藏后，墀尊公主承认能力不够，便派婢女带着一升金砂请求帮忙。于是，文成公主便安排自己的工匠经过"博唐"数理推算，发现整个西藏的地形宛如女魔仰卧之状，极不利于王朝统治，而墀尊公主所选的沼泽卧塘湖，恰恰是魔女的"心血"，旁边有红山与夹波日山则为"心骨"，必须施法镇压才能建寺。墀尊公主无奈，只得认同文成公主的提议，在机雪娘颇邦喀岩山上，熔铁水灌凝砖土，修建九层碉楼，四面拴以铁链，使其牢固，然后修法禳灾，终于堵住了泉眼，建成了赫赫有名的大昭寺。但是《教法史》提出了不同的观点，称墀尊公主带头修建大昭寺失败，无奈便由文成公主独立主持修建了大、小昭寺，两寺同日开工、同日建成、同日开光。

不过，无论怎样，大、小昭寺修建之后，佛教开始在雪域高原上扎根。后来虽经过历次灭法与复兴，但是藏传佛教已经蔚为壮观。

自从联姻之后，松赞干布开始学习汉族文化，他脱掉毡裘，改穿绢绮，并派吐蕃贵族子弟到长安国学院读书。另外，松赞干布与文成公主的婚姻感情也还算不错，许多事情他都会接受文成公主的建议。比如，文成公主到吐蕃后，发现吐蕃人每天要用赭色制土涂敷面颊希望驱邪避魔，样子十分难看又不舒服，她认为这样做毫无道理又有碍卫生，实在是一项鄙俗的陋习，便婉转地向松赞干布提出了自己的看法。松赞干布听了觉得很有道理，立即下令废除了这项习俗。

夫死之后文成公主一路消沉

然而，这样的日子并没有维持多久，永徽元年（公元650年）松赞干布就不幸去世了，时年35岁。据《红史》记载，松赞干布在31岁时，曾经将赞普之位让给时年13岁的儿子贡松贡赞。可惜这位小赞普年寿不永，刚18岁就死去了，死在了松赞干布的前面。

关于松赞干布的早逝，至今说法不一。有说是思子病逝（逝于拉萨北面的彭域色莫岗，今林周县彭波农场附近），也有说是出征战死，还有说是和他的父亲一样被反叛者毒死。但不管怎样，松赞

75

干布死了，文成公主自此没有了依靠。她本来可以选择回到大唐，但最后文成公主打消了这种念头。据说，文成公主住在拉萨，经常去布达拉宫对面的药王山上东望家乡，希望能看到远方前来的故人。

时间总是那么慢，不知道文成公主是怎样度过了自己余生的30年。据《新唐书》记载，唐高宗永隆元年（公元680年），文成公主逝于吐蕃，享年55岁。这时太宗早已去世，在位的唐高宗派遣了使臣前去吊祭，对文成公主所做的贡献进行了表彰。

文成公主去世后，吐蕃人将她的遗体送到了雅砻琼结（今山南地区琼结县境）墓王墓区进行了安葬，与自己的丈夫松赞干布葬在了一起，也算是对文成公主的一种爱戴吧。因为，这里是藏族先民发源之地，也是历代吐蕃赞普的最后归宿。

文成公主虽然去世了，但她的贡献及成就却永远被后人铭记。从为公的角度来说，文成公主是伟大的。她热爱藏族同胞，深受百姓爱戴。在她的影响下，汉族的碾磨、纺织、陶器、造纸、酿酒等工艺陆续传到吐蕃；她带来的诗文、农书、佛经、史书、医典、历法等典籍，促进了吐蕃经济、文化的发展，加强了汉藏人民的友好关系。她带来的金质释迦佛像，至今仍受藏族人民的膜拜。

但是，从私利的角度，文成公主却是悲剧式的。尽管后世无数的诗歌和戏曲仍然在不断传颂着文成公主的故事，她那风华绝代的身影也依旧在神山圣湖间款款摇曳，但是她没有自己的自由。是的，一个人连自己的婚姻都不能做主，这不是很可悲吗？所谓的任何"高大上"或许仅仅都是别人眼中的闪耀星光，但对于文成公主却永远只是流星，因为天空那么大，却永远没有她自己的空间和位置！

武则天：功过成败自有后人评说

很多的史料均称武则天是中国第一位女皇帝，然而事实并非如此。历史上比武则天更早称帝的女人有两个：一个诞生于北魏，不过只是另一个女人布置的一场闹剧，她匆匆登位又匆匆死去，历史上连她的名字都没有留下，人们都称她"云姑娘"；另一个则是唐高宗时期举起起义大旗的货真价实的女皇帝陈硕真。虽然这两个女人比武则天更早，但是在历史中所留下的光辉却不知逊色多少。因为，这个女人先后驾驭 3 个皇帝，并统治了大唐帝国长达 50 年，一直活到 82 岁才死去，其卓越的治国才华令不少男性也纷纷折腰钦佩。在她的墓碑上更是无一字记叙，功过成败一切留给后人评说。

出身并不卑微，长在显宦家庭

武则天与杨贵妃一样出身并不卑微，生长在显宦家庭。她的父亲是大唐开国功臣武士彟。这个武士彟是个什么人呢？史料记载他生于北周武帝建德六年（公元 577 年），青年时期经营过木材生意，因此大富。据《册府元龟》记载，武士彟"才器详敏，少有大节，及长，深沉多大略，每读书，见扶主立忠之事，未尝不三复研寻，尝以慷慨扬名为志"。看来他也是一个有才华有政治抱负的人，后来隋朝末年爆发农民起义，武士彟弃商从戎，立了不少战功。李渊在太原起兵时，建立大将军府，武士彟为大将军府司铠参军，并随唐军西行进入长安。唐朝建立后不久，李渊对支持他起兵的功臣大加封赏，武士彟为二级功臣，并给予他以犯罪免死的优待。《旧唐书》、《新唐书》均记载他"武德中，累迁工部尚书"，而《册府元龟》也记载："武士彟，武德中为工部尚书，判六尚书，赐实封八百户。"大唐的杜甫也才混了一个工部侍郎，武士彟却当了工部尚书（相当于建设部部长），虽有史料记载他固辞，但终究是朝廷的功臣，其地位是可想而知的。

武则天的父亲是开国功臣，其母亲杨氏更是出身于隋朝皇室，为陇右大士族、隋朝宰相、遂宁公杨达之女。她还有异母兄长武元庆、武元爽，另有同母姐妹两人，一位是后来的韩国夫人武顺，另一位是郭夫人（嫁于郭孝慎）。

出生在这样的显贵之家，豪奢的生活可能滋养了武则天的权力欲。于是乎，自幼聪慧敏俐，极善表达，胆识超人的武则天不仅学习歌舞，更是对文学、历史、政治很感兴趣。她父亲武士彟深感其是可造人才，便请了名师教她读书识字，使其通晓事理。据史料记载，武则天十三四岁时，已是博览群书，博闻强记，诗词歌赋无所不通，而且长于书法，字态卓荦不群，得到时人的高度赞扬，使得武士彟脸上格外有光。

入宫并未受宠，使计达到目的

贞观十一年（公元 637 年）十一月，武则天年 14 岁时，皇帝海选宫女，因为其仪容举止美，便被选入皇宫。一般家庭的女孩，很多听说要选入皇宫，大多会哭哭啼啼，害怕进入了阴森冷宫，一辈子也再难出来了。而武则天却与其他女孩不一样，她入宫之前向寡居的母亲杨氏告别时说："我这是去侍奉圣明天子，岂知非福？为何还要哭哭啼啼、作儿女之态呢？"

然而事情并没有武则天想象的那么简单，刚入宫的那一段时间，她并没有受到皇帝的宠幸。毕竟后宫佳丽三千，都是从民间选出的绝色女子，武则天又能算什么呢？她也只有沦为芸芸众生了。

转眼间两个月过去了，武则天依旧没能见上太宗一面，她整日待在掖庭宫里，跟太监学一些规则、礼仪、用语等方面的知识。同时，她也不忘记观察。通过打听，武则天了解到与自己一同进宫的徐惠将要被太宗宠幸。于是，她便千方百计讨好徐惠，并与其结拜为姐妹，希望通过徐惠的帮助接近太宗。

几天后，徐惠果然被皇上宠幸。武则天按捺不住喜悦，事情进展得和她预料的差不多，她为自己下一步谋划着，甚至每个细节、每个对话和每个动作都进行了排练，同时还积极行动，托太监给徐惠捎信。

徐惠没有忘记武则天，皇上赏识她的才华，封她为婕妤。一有机会，徐惠就向太宗说武则天的好处。通过徐惠的表扬，太宗有了想见见武则天的打算。几天后，太宗下令召见了武则天。当时，他确实被武则天的美惊呆了，随后便宠幸了武则天，并赐号为"媚娘"。

太宗马场驯马，则天献策挨批

武则天被宠幸之后，与太宗过上了一段时间的幸福生活。通过了解观察，唐太宗发现武则天不仅人长得漂亮，还极有学识，且懂礼仪，便把她从侍穿衣着的行列，调入御书房侍候文墨。这一变故使武则天开始接触皇家公文，了解了一些宫廷大事，并能读到许多不易得见的书籍典章，眼界顿阔，日渐通晓官场政治和权术。

但是，好日子并没有维持多久，后来的一件事却让唐太宗对武则天有了一些厌倦，或者说是讨厌。由于太宗特别喜欢骏马，他有一匹烈马叫狮子骢，肥壮任性，没有人能驯服它。当时正在一旁侍奉的武则天却自告奋勇地对唐太宗说："陛下，这匹马我能制服它！"

太宗听了后，摆了摆手说："你一个弱女子，如何能驯服烈马，不要瞎掺和了！"

"陛下，我真的能，你不妨让我一试！"武则天表现得很有信心。

为了不伤害到自己的美人，唐太宗便笑着说："你说说怎么驯服？"

"陛下，要让我驯服这匹烈马，得给我三样东西：一是铁鞭，二是铁棍，三是匕首。用铁鞭抽打它，不服，则用铁棍敲击它的脑袋，又不服，则用匕首割断它的喉管。"武则天满怀信心地说。

唐太宗听了武则天的话，脸上显出不悦的神色，他有些不太理解，眼前这个娇媚的女人怎么会说出如此血腥的话，从此之后太宗对武则天少了许多好感。

自那之后，武则天得到太宗的宠爱越来越少，以至于做了12年的才人，武则天的地位始终也没得到提高。

媚娘寺庙为尼，太子一往情深

武则天几乎将自己所有的青春年华都献给了阴森的皇宫，她并没有得到唐太宗宠爱，而是孤独地过着自己的失落生活。然而，命运有时真会给人开玩笑，就在武则天对生活感到绝望之时，太宗病了，而太子李治又走进了武则天的生活。

据《新唐书》记载，在太宗病重期间，武则天和太子李治建立了感情，两人甚至到了如胶似漆的程度，这似乎也预示着武则天的命运将从这个男人身上得到改变。

贞观二十三年（公元649年），唐太宗驾崩，武则天依唐后宫之例，和部分没有子女的嫔妃们一起入长安感业寺为尼，虽然这样，她并不悲观。因为深爱她的新皇帝李治已给她许诺，只要等到机会就会接她出寺，并娶她为妻。

永徽元年（公元650年）正月初六，唐高宗李治立妃王氏为皇后。当年五月二十六日，逢太宗忌日，李治借机到感业寺行香，见到了心爱的武媚娘。媚娘见到高宗，终有千言万语，也抵不过汹涌而下的泪水。见媚娘如此难过，高宗心里真是分外感伤。作为皇帝，他多么想马上就接媚娘回宫呢。可是，暂时他却不能这么做。于是李治也只能安慰媚娘，跟着她一起感伤落泪。当晚，两人便在室内鸳鸯歇息，所有的悲痛都感化在两人的缠绵中。

高宗走后，武媚娘心里别提有多么难过，她随时关注皇宫的动向。当她得到王皇后因无子失宠，顿时高兴万分，格外兴奋，并悄悄留了长发，随时等待着高宗接她回宫。

她的愿望终于实现了。永徽二年（公元651年）八月，武媚娘被高宗接到皇宫，作为一般宫女待在王皇后身边。经过一段时间的蛰伏，武媚娘最终得到了高宗的专宠，并开始踏上政治舞台。

打败诸多情敌，后宫一枝独秀

其实，在当尼姑时，武则天就怀上了李治的孩子。在入宫后，她很快就为高宗生下了儿子李弘。这些都为武则天打败情敌营造了良好的条件。

首先，武则天将苗头对准了正受宠的萧淑妃。由于王皇后特别不喜欢这个萧女人，便希望和武则天联手共同对付情敌。武则天当然十分乐意，没有费多少力就迅速将萧淑妃打败。永徽三年（公元652年）五月，萧淑妃失宠之后，武则天便被拜为二品昭仪。

萧淑妃这个钉子被拔掉之后，武则天又开始针对昔日的同盟进行攻击了。由于武则天工于心计，心狠手辣，又兼涉文史，没有多少才能的王皇后哪里是她的对手呢。

永徽五年（公元654年），武则天产下长女安定思公主。据相关史料记载，在安定思公主出生后一月之际，王皇后来看望，怜爱地逗弄公主玩，王皇后走出去后，武则天趁没人就将女孩掐死，又盖上被子。正好李治来到，武则天假装欢笑，打开被子一同看孩子，却发现女儿已经死了。武则天当时大声啼哭起来，问身边的人是怎么回事，身边的人都说："皇后刚刚来过这里。"李治勃然大怒，说道："心狠的皇后居然杀了我的女儿!"武则天这时趁机哭泣着数落王皇后的罪过。

见到突如其来的变故，王皇后根本无法解释清楚，李治从此便有了"废王立武"的打算。不过此事，也还是有一些争议。王皇后再傻也不会掐死武则天的女儿，毕竟女儿是不会去争夺太子之位的。另外，王皇后心肠并不坏，杀子这样的事应该干不出来。当然，虎毒不食子，武则天也应该不会杀自己的孩子。据五代的《唐会要》记载，小公主可能死于暴卒，并不是武则天或王皇后所杀。不过这件事后来成为武则天阴险残忍的一大标志性事件，终究很难被翻案。

有了这次陷害之后，武则天又千方百计找王皇后的毛病。永徽六年（公元 655 年）六月，武则天打听到王皇后与其母柳氏行厌胜之术，便设计让李治得知。之后，李治大怒，打算将自己的丈母娘柳氏赶出皇宫，而且还要把武则天由昭仪晋封为一品宸妃。

但是，这一次依旧没能彻底打败王皇后。因为当时的宰相韩瑗和来济都强烈反对此事，李治也没有办法，事情就这么搁浅了。其实李治废黜皇后的另外一个打算，还是为了重振皇权。当时以长孙无忌为首的元老大臣势力特别强大，李治做许多事情都受到了牵制。因此，李治想通过"废王立武"来振兴自己的权威，武则天恰恰利用了这一点，一来当好高宗政治上的"战友"，二来实现自己个人的目的。

面对如此复杂的形势，武则天知道必须培植自己的势力，于是她找到了中书舍人李义府。通过密谈，两人于是结盟，之后李义府第一个支持"废王立武"，同时得到了李治和武则天两人的重赏。这时很多两面派的官员看到支持"废王立武"有利可图，便纷纷倒戈加入武则天的队伍，许敬宗、崔义玄、袁公瑜等大臣也顺势投递了立武昭仪为后的奏章。

看到这么多人支持，武则天别提有多高兴了，李治也更加坚定了废立之意。这时，朝中的功臣元老中李勣恰当地说了一句："此陛下家事，何必问外人。"真正彻底打动了李治的心。最后，高宗李治颁下诏书：以"阴谋下毒"的罪名，将王皇后和萧淑妃废为庶人，并加囚禁；她们的父母、兄弟等也被削爵免官，流放岭南。七天之后，李治又再次下诏，将武则天立为皇后。同时，反对武则天的长孙无忌、于志宁、韩瑗、来济等人也接连被削职免官，贬出京师。至此，李治基本实现了君主集权，武则天的时代悄然到来，中国历史也有了新的篇章。

二圣共掌朝政，则天独唱主角

当上皇后之后，武则天并没有就此罢休，反而变本加厉向更高权位迈进。显庆五年（公元660年）十月，李治因为风疾发作，不能处理国家大事，武则天借机自荐帮忙处理朝政。李治最开始统一大权便放开手让武则天处理，但经过一段时间发现，武则天权力欲望太强，甚至差点夺得自己的帝权，李治心生不满，于是与武则天之间感情出现裂痕，便想借机将武则天的皇后位置给罢免了。麟德元年（公元664年），李治便暗示宰相上官仪起草废掉武则天的诏书。哪里知道墨迹还未干，武则天就及时发现，于是她软硬兼施，使得李治废掉皇后的事以失败告终。皇后位置未废，武则天权势更盛，她又建议与高宗一起上朝，临朝听政，合称"二圣"。这时的李治基本无法再控制武则天，也就只能无可奈何地同意了。

当了天后，武则天迅疾显示出卓越的政治才能，她提了 12 条关于政事的建议：一、劝农桑，薄赋徭；二、给复三辅地（免除长安及其附近地区之徭役）；三、息兵，以道德化天下；四、南、北中尚（政府手工工场）禁浮巧；五、省功费、力役；六、广言路；七、杜谗口；八、王公以降（下）皆习《老子》。九、父在为母服齐衰（丧服）三年（过去是一年）；十、上元（年号）前勋官已给告身（委任状）者，无追核；十一、京官八品以上，益禀入（增加薪水）；十二、百官任事久，才高位下者，得进阶（提级）申滞。

以上 12 条建议，李治全部同意，并立即开始实施。另外由于武则天当过尼姑，对于佛教十分推崇，在她掌权后，便将佛教的地位排在了道教之上。同时，她还以"亚献"的名义与李治一块封禅泰山，而且还给百官赐爵加阶，使百官对她感恩戴德，其政治影响力远远超过了高宗李治。

武则天·功过成败自有后人评说

一代女皇登基，奠定武周盛世

永淳二年（公元 683 年）十二月，李治驾崩，临终遗诏：太子李显于枢前即位，军国大事有不能裁决者，由天后决定。四天以后，李显即位，是为唐中宗，尊武则天为皇太后。

不过，这个中宗李显连高宗也不如，典型的软弱皇帝。在光宅元年（公元684年）二月，中宗李显想任命自己的岳丈韦玄贞为侍中，当时的宰相裴炎力谏，李显居然傻不拉几地说："朕即使把天下都给我的岳丈韦玄贞，那又怎么样呢？我怎么会在乎一个侍中？"

听到这消息，武则天十分气愤，便趁此为借口将李显废黜为庐陵王，并迁于房州。之后，武则天又立自己另外的一个儿子豫王李旦为帝，是为唐睿宗，之后武则天临朝称制，自专朝政。

中宗被废之后，引起了许多人的不满。其中最有代表性的就是徐敬业兄弟。光宅元年（公元684年）九月，徐敬业、徐敬猷两兄弟联合唐之奇、杜求仁等以支持庐陵王为号召，在扬州举兵反武，十多天内就聚合了十万部众。当时，大唐著名诗人骆宾王也参与其中，并写下了著名的《代徐敬业传檄天下文》。这篇檄文立论严正，先声夺人，将武则天置于被告席上，列数其罪。借此宣告天下共同起兵，起到了很大的宣传鼓动作用。据《新唐书》所载，武则天初观此文时，还嬉笑自若，当读到"一抔之土未干，六尺之孤何托"句时，惊问是谁写的，叹道："有如此才，而使之沦落不偶，宰相之过也！"可见这篇檄文煽动力之强，骆宾王的才华打动了武则天。只可惜，一失足成千古恨，一代大才子参加叛乱后竟杳无音信，不见踪影了。

徐敬业的叛乱彻底惹恼了武则天，她当即以左玉铃大将军、李孝逸为扬州道大总管，率兵30万，前往征讨。十一月，徐敬业兵败自杀。之后，武则天又先后铲除了反对自己的皇室显贵，为自己登基排除了障碍。

载初二年（公元691年）七月，武则天的亲信安排法明等撰《大云经》四卷，称武则天是弥勒佛化身下凡，应作为天下主人。

九月，侍御史傅游艺也率关中百姓 900 人上表，请改国号为周，赐皇帝姓武。这些是不是和后来的宋太祖黄袍加身，以及前朝的大汉帝王刘邦登基有些相似呢？他们都是借助迷信的方式迷惑众人，为自己登上九五之尊找一个合理的借口罢了。武则天看时机成熟了，便大大方方地准所请，改唐为周，改元天授，尊号圣神皇帝，但仍以李旦为皇嗣，赐姓武氏。她立武氏七庙于神都，追尊周文王为始祖文皇帝；立武承嗣为魏王，武三思为梁王，其余武氏多人为王及长公主。

巾帼不让须眉，算是鲜有雄主

当了皇帝之后，武则天开始进行改革，她施行了许多有利于国家和人民的措施，得到广大群众的拥护和支持。

首先，政治方面。要改革必须打掉既得利益集团，减少改革阻力。武则天最先打击曾经反对她做皇后的长孙无忌、褚遂良等人，这几个大臣既然都反对武则天当皇后，按理也会阻碍她的改革。因此，武则天将他们一个个都赶出了朝廷，贬逐到了边远地区。把既得利益集团赶出政治舞台，也就标志着关陇集团从北周以来长达一个多世纪统治的终结，也为社会进步和经济发展创造了良好的条件。之后，武则天改革科举，提高进士科的地位，举行殿试，开创武举、自举、试官等多种制度，让大批出身寒门的子弟有了一展才华的机会。载初元年（公元 690 年），武则天在洛城殿对贡士亲发策问，遣"存抚使"十人巡抚诸道，推举人才，一年后共举荐 100余人，武则天不问出身，全部加以接见，量才任用，或为试凤阁

（中书省）舍人、给事中，或为试员外郎、侍御史、补阙、拾遗、校书郎，试官制度自此始，时人有"补阙连车载，拾遗平斗量，把推侍御史，腕脱校书郎"之语。武则天虽以官位收买人心，但对不称职的人亦会加以罢黜；明察善断，故当时的人亦乐于为武则天效力。像娄师德、狄仁杰等这样的著名贤臣，以及后来的"开元贤相"姚崇和宋璟等，也都是在武则天时期被发现提拔。

其次，经济方面。武则天实行"劝农桑，薄赋役"。在她掌权以后，编撰了《兆人本业记》颁发到州县，作为州县官劝农的参考。她还注意地方吏治，加强对地主官吏的监察。对于土地兼并和逃亡的农民，她也采取比较宽容的政策。因此，武则天统治时期，社会安定，农业、手工业和商业有了长足发展，户口也由唐高宗永徽三年（公元 652 年）的 380 万户增加到唐中宗神龙元年（公元 705 年）的 615 万户。

另外，军事方面。在军事上，由于武则天称帝前后杀了一大批能征惯战的宿将名帅，更由于均田制的逐渐瓦解，使得府兵减少，国家防御力量较弱，导致一段时间内对外战争频频失利。她几乎将太宗、高宗辛苦经营的安北、安西全部放弃了。不过随着统治的稳定又逐渐挽回了颓势。在西北，唐朝与吐蕃为争夺西域烽烟不息。武后称帝后的长寿元年（公元 692 年），武则天派王孝杰率军收复安西四镇，并遣军常驻，从而结束了唐蕃在西域反复争夺的局面。在北方，武则天称帝前，抗击突厥的大将程务挺因替裴炎申辩被武则天杀死，突厥的入侵猖獗起来。武则天称帝后第 5 年，即天册万岁元年（公元 695 年）十月，篡位的默啜可汗为了争取中原王朝的支持，遣使请降，武则天册授他为左卫大将军、归国公。后来默啜因帮助平定契丹有功而被封"颉跌利施大单于"、"立功报国可汗"。在东北，武则天时期契丹崛起，万岁通天元年（公元696年），因营州都督赵文翙暴虐无道，契丹人松漠都督李尽忠和旧城州刺史孙万荣起兵反周，进攻河北地区。武则天三次派兵讨伐，损兵折将，在奚和突厥的帮助下才得平定。因此，在军事方面武则天还是赶不上唐太宗。

政变之后退位，功过后人评说

武则天统治时期，政治、军事、经济等都取得了卓越的成就，再加上她在狄仁杰的建议下确定了继承人的问题，便觉得一切都OK了，也像以往的皇帝一样开始志得意满，耽于享乐。

当时，有两兄弟年少美貌，特别是那方面比较厉害，武则天便特别宠幸他们哥俩。此二人受宠则骄，就连武则天的侄儿武承嗣、武三思等都争着追捧他们，甚至为他们执鞭牵马。二张兄弟成为武则天的耳目，逐渐插手朝政，陷害忠良，引起政局的复杂化，导致武则天母子、君臣关系空前紧张。据史料记载，武则天的孙女永泰公主因与丈夫武延基和皇兄邵王李重润一起议论"面首"张易之、张昌宗兄弟，居然就因此被处死。

神龙元年（公元705年）正月，武则天病笃，卧床不起，只有宠臣张易之、张昌宗兄弟侍侧。宰相张柬之、崔玄暐与大臣敬晖、桓彦范、袁恕己等，交结禁军统领李多祚，佯称张易之、张昌宗兄弟谋反，于是发动兵变，率禁军500余人，冲入宫中，杀死二张兄弟，随即包围武则天寝宫，要求武则天退位，史称"神龙革命"。

武则天被迫禅让帝位与太子李显。李显上尊号为"则天大圣皇帝"，武周一朝结束，唐朝复辟，百官、旗帜、服色、文字等皆复旧制，恢复以神都（今河南省洛阳市）为东都。神龙元年农历十一月二十六日(公元705年12月16日)，武则天在上阳宫病死去世，享年82岁，遗诏省去帝号，称"则天大圣皇后"。神龙二年（公元706年）五月，与高宗合葬乾陵。自此，一代女雄主武则天的时代结束了。

武则天死后，她的墓碑一字未写，是非功过均凭后人评说。司马光主编之《资治通鉴》，就对武则天提出严厉的批判。明末清初著名思想家王夫之也对武则天大力批评："鬼神之所不容，臣民之所共怨。"但是，笔者认为，谁能够否认：武则天善治国、重视延揽人才，首创科举考试的"殿试"制度，而且知人善任，能重用狄仁杰、张柬之、桓彦范、敬晖、姚崇等中兴名臣。国家在武则天主政期间，政策稳当、兵略妥善、文化复兴、百姓富裕，为其孙唐玄宗的"开元之治"打下了长治久安的基础，武则天对历史做出的贡献又怎能说不巨大呢？

薛涛：曾经沧海难为水

在四川省达州市（唐时称通州）凤凰山有一处景点名为元稹纪念馆，此为地方政府为纪念大唐著名诗人、宰相元稹所修。然而当游人在馆内缅怀这位大文豪时，许多人都会想起与之相关的一位传奇女诗人，她就是与卓文君、花蕊夫人、黄娥并称"蜀中四大才女"的薛涛。那么，薛涛与元稹到底有着怎样的故事，他们的爱恨情仇又是如何展开，如何结束？1200余年过去，今人又是如何看她？请随笔者一同走进那个文风兴盛的大唐王朝。

八岁就能写好诗，可惜父亲却早逝

自秦汉以来，能写诗词的女人一般情况下家境都不会太过寒酸，像李清照、花蕊夫人等，均是出生于官宦世家，薛涛也并不例外。在大唐时期，薛涛属于典型的"帝都"人，大约768年她生于大唐首都长安（今陕西省西安市）。换句话说，薛涛是京城的大小姐。薛涛的父亲名叫薛郧，在京城当了一个小官，官阶虽不高，但中产生活是能保障的。因此，薛涛生长在这样的家庭，自然有条件读书习字。由于天生聪明，讨人喜欢，薛郧对女儿是万般疼爱，格外呵护，专门请了最好的老师教其功课，薛涛也不负众望，学习进步很快，八九岁就能作诗了。

据史料记载，有一年夏天中午，薛郧正在庭院的梧桐树下歇凉，微风吹拂着梧桐树叶，发出沙沙的声响。这时，薛郧似乎有了写诗的兴致，便随口吟咏了这么一句："庭除一古桐，耸干入云中。"接着，他也学习当年李白父母考察小李白一样，对身边玩耍的女儿薛涛说："幺儿，老汉考考你，你能续上这首诗吗？"薛涛不假思索就随口应道："枝迎南北鸟，叶送往来风。"

此句实为妙句，令文人薛郧甚是感慨，女儿才八九岁，却能吟出如此绝妙诗句来，怎能不令人佩服呢，但他心中又多了一丝隐忧，女儿吟出的诗句太过悲凉，"迎送"二字似乎预示着风月场所，这难道是一个不祥之兆吗？

果不其然，由于薛郧文人清高，不喜与贪官为伍，又正直敢言，因此得罪了不少同僚，很快他就被当朝权贵贬到了四川偏境为官。离家千里，路途遥远，薛郧带着十多岁的女儿薛涛背井离乡，从繁华的首都长安，到了遥远偏僻的四川成都，其中的艰苦怎能言说殆尽。

"屋漏偏逢连夜雨，船迟又遇打头风。"没过几年，薛郧因出使南诏沾染了瘴疬，当时的医疗条件差，很快就命丧黄泉。父亲薛郧死的那年，薛涛才是14岁的孩子。此时，薛涛的生活遭遇困境，她从天堂被打入地狱。失去家庭的顶梁柱，薛涛和母亲只能相依为命，日子过得十分落魄。

母女相依生活苦，无奈走上营妓路

对于一个正常的富裕家庭，谁也不会愿意将自己女儿送进娱乐圈成为营妓。因为，营妓就是专在官员们饮酒聚会时，侍酒赋诗、弹唱娱客的工具而已。但是，薛涛虽不情愿，却毫无办法。16岁的她，为了减轻家庭负担，主动加入了营妓行业。

在唐朝，营妓由国家财政供养，属于正式编制，有稳定的工资收入。为了这份工资，为了生活，薛涛凭借"容姿既丽"和"通音律，善辩慧，工诗赋"，主动加入乐籍，成了一名供人娱乐的营妓。

虽然当上营妓是一种无奈，但并不是一件轻松的事。唐朝的营妓可没当前的娱乐圈好混，只要长得漂亮、随便唱首歌、弄个舞姿、经娱乐公司包装一下就能成偶像，当时的官员大多是科举出身，都是饱读诗书过来的，文化素质可不低，要想让这些官员喝高兴要舒服听清爽，对于营妓来说不仅仅需要美貌，更需要才艺、辞令和见识。

不过，这些素质薛涛刚好都具备，而且还属上流。史书记载她"诗酒之外，尤见才辩"，在酒席场上游刃有余，令人回味。北宋宰相吕大防的女婿，著名文人王谠撰写的文言轶事小说《唐语林》里就记载了薛涛一件逸事。大意是这样：有一次，黎州刺史举办宴会，提议行《千字文》令。这个酒令的令格是取《千字文》一句，句中须带有禽鱼鸟兽之名。随后，刺史就率先做了示范，他行令说："有虞陶唐。"估计这位大人小时候背《千字文》不求甚解，误把"虞"当成了"鱼"。众宾客都听出了谬误，但因为是主人所为，只好掩面而笑，谁也没好意思站出来说该罚酒。不一会儿，酒令转到了薛涛这儿，她应声说："佐时阿衡。"这位刺史一下听出了问题，激动地站起身："你这四个字里没有鱼鸟，该罚该罚！"薛涛笑着回答说："不管怎么样，我这句里'衡'字中间还有一条小鱼，刺史大人的"有虞陶唐"中，连条小鱼都没有呢。"众人再也忍不住，哄然而笑，弄得刺史大人甚是尴尬。从该史料中就能看出薛涛绝非等闲之辈，有着相当深厚的文学功底。但是，笔者则认为，大唐的刺史如果是进士出身，这点小常识应该是知道的。这可能是王说为讽刺当官的而故意为之。

据《新唐史》记载，女才子薛涛最擅长的还是作诗。在娱乐圈混，薛涛有机会接触高层人物，特别是那些既能写诗又身处官场的才子们。就像当前个别戏子一样，接触上层名流如家常便饭。薛涛自然也与当时的名流颇有交往。这些名流，笔者根据史料可以列出部分来，他们是白居易、张籍、王建、刘禹锡、杜牧、张祜等诗坛领袖。当时，薛涛与这些大诗人一同喝酒作诗，常常通宵达旦，好不畅快。酒后，她便会即兴作诗，供人玩乐。据记载，薛涛共写有500多首诗，至今还流传有90多首，可想这个女才子在当时的娱乐圈是多么红火，多么流行，非邓丽君不能比也。

作诗传情遇知音，韦皋聘为校书郎

与上面的这些名流应和，薛涛或许只是逢场作戏，在史料记载中，并没有多少可圈可点之处。但是，因为韦皋的出现，薛涛的爱情开始起了波澜。

这个韦皋是什么人呢？他其实是薛涛的老乡，都是京城西安人。不过，韦皋的家世很好，不仅是韦元礼的七世孙，还是当时的宰相（同中书门下平章事）张延赏的女婿。后因助德宗皇帝有功，韦皋在贞元初年（公元785年）任剑南西川节度使，成为封疆大吏。在《历史大咖的另一张脸》中我们介绍过，大诗人高适也担任过剑南西川节度使，当时杜甫在成都浣花溪还写信向其要过建筑材料和粮食。这个韦皋与高适一样，不仅担任了地方的最高军事领导（军区司令），并且还是一个极为儒雅的诗人，"长江不见鱼书至，为遣相思梦入秦"这样的妙句，就是韦皋写的。一个是军功卓著的官员诗人，一个是娱乐圈中的耀眼明星，两人的交集自然点燃了爱的火花。

薛涛·曾经沧海难为水

据史料记载，韦皋有一次设宴招待亲朋好友，"娱乐明星"薛涛也在被邀之列。酒到酣处，韦皋即兴让大才女薛涛当场为大家赋诗，希望众人都见一见薛涛的才华。薛涛并不紧张，从容地拿过纸笔，沉思一会，便提笔迅速写下了流传后世的《谒巫山庙》，诗中这么写道："朝朝夜夜阳台下，为雨为云楚国亡。惆怅庙前多少柳，春来空斗画眉长。"

当时，现场的观众看到此诗，纷纷赞不绝口，被这位美貌的营妓所折服。韦皋看后，更是拍腿而起，暗自叫绝。这首诗虽写巫山云雨，却没半点粗俗，而是借凭山眺望，惆怅怀古的视觉，道出人生别离的哲学意义。也正是因为这首诗的写成，让韦皋彻底被薛涛征服了。韦皋这个"军区司令"遗憾地认为薛涛简直是大材小用，根本不应该在娱乐圈混，而应该走向仕途当官为国家做贡献。因为，在酒席场上无论多么风光，但终究她只能当个"花瓶"。于是，韦皋专门将薛涛带进了自己府中，让其帮助处理一些案牍工作。用通俗一点的话说，韦皋聘请薛涛当自己的女秘书（没有编制，临时聘用）。薛涛不是当前提包包陪吃陪睡的生活秘书，而是处理材料的公事秘书。接受写公文这个任务后，薛涛一点也没马虎，她细致认真，勤勤恳恳，所写的材料很少出错，大受韦皋欣赏。

从薛涛写材料后，韦皋对薛涛有了更深刻的认识。韦皋觉得薛涛当秘书写材料仍旧屈才，应该推荐薛涛去当官。于是，韦皋突发奇想，向朝廷打报告，要为薛涛申请任"校书郎"。校书郎隶属于秘书省，主要工作是公文撰写和典校藏书，虽然官阶仅为九品，但好歹是一个科级干部。另外，这项工作的门槛很高，按规定只有进士出身的人才有资格担当此职，大诗人白居易、王昌龄、杜牧等都是从这个职位上做起的，历史上还从来没有哪一个女子未参加科举就担任校书郎。所以，薛涛这个女才子直接当校书郎是破天荒的大事、奇事。

并不出乎大家的意料，韦皋为薛涛申请校书郎的事很快遭到了幕僚们的一致反对。其中有与韦皋关系比较好的，便劝他："军务倥偬之际，奏请以一妓女为官，倘若朝廷认为有失体统，岂不连累帅使清誉？即使侥幸获准，红裙入衙，不免有损官府尊严，易给不服者留下话柄，望帅使三思！"通俗一点的话就是，韦皋兄，你请示上面让一个妓女当官，并且还是进士才能做的校书郎，不是开国际玩笑么？另外，自古以来穿裙子的姑娘（风月女子）就不能进衙门做官，薛涛要是真成了，不是全没有体统了吗？这对于老哥的声誉也是有很大的负面影响啊！

总之，韦皋的创新之举并没有得到上面的认可，这事也就只能搁浅了。不过，薛涛的才华自此得到了当时文人的普遍认可，其

"女校书"的名声也更是不胫而走，名扬四方了。

据史料记载："韦皋镇蜀之初（贞元元年，公元 785 年），南越献孔雀一只，皋依涛意，于使宅开池设笼以栖之。"翻译成现代文就是：公元 785 年，南越给韦皋进献了一只孔雀，韦皋非常喜爱，薛涛建议在府衙内开池设笼养了起来，象征大唐王朝昌隆的国运和韦帅显赫的治迹。薛涛这么建议，韦皋听后十分赞同并欣然采纳，这件事因有美人佐政的风韵而被当时文人极力渲染，遂成为一段佳话。

薛涛受到韦皋的宠爱，时人纷纷得知，有些想托韦皋办事的人，便借此通过薛涛为中介代为转达，其效果十分明显。就相当于现在的一些商人想得到什么项目，很多都是求助官员的老婆或情人，然后达到自己的目的。当时也不例外，五代时期何光远撰的《鉴戒录》就说得很清楚："应衔命使者每届蜀，求见涛者甚众，而涛性亦狂逸，不顾嫌疑，所遗金帛，往往上纳。"翻译过来大意就是，到四川来的官员为了求见韦皋，多走薛涛的后门，纷纷给她送礼行贿，而薛涛"性亦狂逸"，你敢送我就敢收。不过她并不爱钱，收下之后一文不留，全部上交。

虽然薛涛将财物上交，但终究影响了韦皋的名声。韦皋本是文人出身，对钱财视作粪土，从不想贪污受贿，当他得知薛涛收钱的事后，十分不满，一怒之下，就下令将薛涛发配到了松州（今四川省松潘县），以示惩罚。

松潘县现属阿坝州境内，2008 年地震还受到了不小的影响。在唐朝，松潘县人烟稀少，兵荒马乱，属于文人被贬谪之地。薛涛走在去往松潘县的路上，内心非常恐惧，也格外悲伤。途中，她感慨

薛涛·曾经沧海难为水

万千，触景生情，遂写了一首诗歌："闻道边城苦，而今到始知。却将门下曲，唱与陇头儿。"对于自己的张扬和受贿，薛涛感到十分后悔，于是接着又写下了动人的《十离诗》。原文如下：

其一：犬离主

驯扰朱门四五年，毛香足净主人怜。

无端咬着亲情客，不得红丝毯上眠。

其二：笔离手

越管宣毫始称情，红笺纸上撒花琼。

都缘用久锋头尽，不得羲之手里擎。

其三：马离厩

雪耳红毛浅碧蹄，追风曾到日东西。

为惊玉貌郎君坠，不得华轩更一嘶。

其四：鹦鹉离笼

陇西独处一孤身，飞去飞来上锦裀。

都缘出语无方便，不得笼中更换人。

其五：燕离巢

出入朱门未忍抛，主人常爱语交交。

衔泥秽污珊瑚枕，不得梁间更垒巢。

其六：珠离掌

皎洁圆明内外通，清光似照水晶宫。

只缘一点玷相秽，不得终宵在掌中。

其七：鱼离池

跳跃深池四五秋，常摇朱尾弄纶钩。

无端摆断芙蓉朵，不得清波更一游。

历史 大功 的另一张脸 II

巾帼不让须眉

其八：鹰离韝

爪利如锋眼似铃，平原捉兔称高情。

无端窜向青云外，不得君王臂上擎。

其九：竹离亭

蓊郁新栽四五行，常将劲节负秋霜。

为缘春笋钻墙破，不得垂阴覆玉堂。

其十：镜离台

铸泻黄金镜始开，初生三五月徘徊。

为遭无限尘蒙蔽，不得华堂上玉台。

这十首著名的离别诗，薛涛差人送给了韦皋。诗虽然有谄媚的味道，她却把身边寻常事写得曲折动人，让人感觉是如泣如诉。薛涛精心设置了种种比喻来向韦皋请罪，韦皋堂堂节度使，自然也不便与一个取悦于他的弱女子计较，转念又想起她的种种好处，不觉地转怒为喜，很快就将她召回成都身边，对其宠爱如初。薛涛也在回成都后，写下了感慨自己遭遇的诗："但得放儿归舍去，山水屏风永不看。"

自那之后，薛涛在韦皋的帮助下，辞去了营妓的职务，没有了编制束缚，成为一个自由身，寓居于成都西郊浣花溪畔，院子里种满了枇杷花，每天薛涛饮酒作诗，回味过去的美好时光，日子过得惬意而舒坦。

才子遇上俏佳人，姐弟相恋不惧论

后来，韦皋死了。接替韦皋节度使职位的官员来了一拨又一拨，但都没有引起薛涛的兴趣。直到大才子元稹的出现，薛涛的情感世界瞬间成为汪洋大海，汹涌澎湃。

这一年，薛涛 42 岁。

元和四年（公元 809 年）三月，31 岁的年轻诗人元稹以监察御史（纪检干部）的身份，奉命出使东川（今云南省昆明市）。他早就听说成都有美女薛涛，不仅能写诗，其书法更是自成一派。于是，到了地方后，元稹立即托人约薛涛在梓州（今四川省三台县）相见。对薛涛而言，这本是一场再平常不过的应酬，但当她与元稹见面之后，立即就被其俊朗的外貌和出色的才情所吸引，内心里激起了沉默多年如同少女般萌动的涟漪和波澜。

据史料介绍，元稹"仪形美丈夫"，典型的"高富帅"。不仅有美貌，才学更是格外出众，25 岁进士及第，两次策问考试都名列第一。当时，元稹和白居易是大唐文坛的"双子星"，并称为"元白"。"每一章一句出，无胫而走，疾于珠玉"，他的诗歌仅一句"曾经沧海难为水，除却巫山不是云"就赚足了世人的眼泪，迷倒了后世多少英雄佳丽。

自己虽已 42 岁，但谁说姐弟就不能相恋呢。遇到元稹，就是薛涛的宿命，哪怕是飞蛾扑火，她也义无反顾。初次约会，薛涛在梓州一待就是三个月，如此长的时间有多少故事发生，不用笔者点穿读者也能猜到一二。两人约会期间，薛涛首先就写了一首《池上双鸟》，无限向往地说："双栖绿池上，朝暮共飞还。更忙将趋日，同心莲叶间。"柔情万种的小女子形象跃然纸上，真是令人万般遐想。

接着，薛涛又写了《四友赞》："磨润色先生之腹，濡藏锋都尉之头。引书媒而黯黯，入文亩以休休。"四友，即文房四宝，笔、墨、纸、砚，薛涛各以一句诗描摹它们各自的特点，笔、墨、纸、砚这四个家伙，在薛涛诗中显得庄敬肃穆，很有震慑力，不像出自女人笔下。最开始元稹并不太佩服薛涛的诗句，毕竟自视甚高的大才子哪里会轻易被一个女人的才情折服呢。当他看到薛涛写的《四友赞》之后，其真功夫彻底震撼了元稹，遂将薛涛真真切切比作了才女卓文君。后来，元稹在《使东川》诗集中，就有一首《好时节》表扬过薛涛："身骑骢马峨眉下，面带霜威卓氏前。虚度东川好时节，酒楼元被蜀儿眠。""卓氏"即卓文君，元稹将薛涛比为卓文君，可见薛涛在元稹的心中不仅仅只是一位妓女，更多的却是女诗人吧。

那三个月，薛涛和元稹可能流连在锦江边上，相伴于青川山前，同时泛舟于湖水中央，饮酒作诗好不幸福。但是，幸福总是来得太快，去得也太快。当年 7 月，元稹就调离东川，任职洛阳了。

分别已不可避免，薛涛十分无奈，怀着悲痛的心情写了千古绝唱《送友人》一诗："水国蒹葭夜有霜，月寒山色共苍苍。谁言千里自今夕，离梦杳如关塞长。"

两情若是久长时，又岂在朝朝暮暮

然而，元稹这一去就将薛涛忘了。元稹是一个为了事业可以不考虑爱情的男人。他的情商天分很高，当初为了求取功名就将初恋情人崔莺莺给抛弃了，为此他还写下了《莺莺传》（又名《会真记》），这就是著名的《西厢记》的原本。妻子韦丛去世后，他又先后纳妾安仙嫔，续娶裴淑，此后也都亡故。不过，这些在唐代来说也是十分正常的事，毕竟在那个年代男人是可以娶三妻四妾的。这不，大诗人白居易还有一个特殊的爱好，就是在家里养了不少歌姬供其娱乐。

公元821年，元稹入翰林为中书舍人承旨学士（相当于中国作协主席）。仕途顺利，春风得意，元稹想起了远在四川的薛涛，便写了一首诗歌寄给了她。读到元稹赠诗，薛涛五味杂陈，其中心酸难以言说。曾经那个俊朗的才子，曾经那个多情的美男，如今却经历了多少沧桑，又爱过多少女人。"微之……"手握元稹写来的书信，薛涛泣不成声。然而，这却是她们最后的一封信。自此之后，两人便再无书信联系。

长庆二年（公元822年），元稹终于如愿以偿，当上了梦寐以求的宰相。可是仅仅才过三个月，他便在一场排挤政敌的阴谋中，反遭敌人暗算，长庆二年六月就被罢相，出为同州（今陕西省大荔县）刺史。次年，他再次奉诏为越州刺史、浙东观察使，这离与薛涛最后一次书信往来，刚好过去两年时间。

想起曾经的种种浪漫，元稹心中有了对薛涛的热情和思念，他计划着要专程入蜀去看望薛涛，或者干脆娶这位多情的女子为妻。但是，没想到中途又出现了一个叫刘采春的漂亮女人，彻底打乱了元稹当初的计划。此人年轻貌美，身材窈窕，婀娜多姿，多有几分妩媚，在当时的娱乐圈风头正劲，是中唐"妓女诗"一派的代表人物，相当于当前最著名的流行歌星，比章子怡还红火的明星。于是，元稹将本要娶薛涛的打算抛在了脑后，深深地被明星刘采春所吸引，与她又有了一段缠绵的爱情故事。相关史料记载，元稹曾夸奖说："她（指刘采春）诗才虽不如涛，但容貌美丽，非涛所能比也。"意思就是说，刘采春虽然写诗赶不上薛涛，但是要比容貌和身材，薛涛是不能和采春相提并论的。

这时，身为元稹好友的白居易实在看不下去了，便给远在成都的薛涛写了一封私信，并附上一首诗："峨眉山势接云霓，欲逐刘郎此路迷。若似剡中容易到，春风犹隔武陵溪。"大意就是劝薛涛还是死了那份心吧，好男人多的是，又何止元稹一个人呢？因为无论如何，她和元稹都是没指望的了。看来，白居易这位大咖，也不是省油的灯，对薛涛怕是早就爱慕有加吧，看到元稹不要了，自己也想乘虚而入去插足一把。

收到白居易的信，薛涛并没有回应。她依旧坚决而痴情地等着元稹。流传千古的名诗《春望词》："花开不同赏，花落不同悲。欲问相思处，花开花落时。""那堪花满枝，翻作两相思。玉簪垂朝镜，春风知不知。"或许就是薛涛对元稹痴情的最好诠释和对白居易的回应吧。

青春早逝，人到暮年，薛涛逐渐厌倦了俗世的虚荣与喧嚣。她离开了浣花溪，移居到了碧鸡坊（今成都市金丝街附近），并筑起一座吟诗楼，悲伤孤独地度过了人生最后的时光。大和六年（公元832年）夏，一代才女薛涛安详地闭上了双眼。第二年，曾任宰相的段文昌为她亲手题写了墓志铭，墓碑上写着"西川女校书薛涛洪度之墓"。

各位读者如有兴趣去凭吊这位才华横溢的女诗人，那么一定要去四川成都。薛涛墓就位于成都望江楼公园西北角的竹林深处，其墓的布局，根据我国儒家思想和道家学说，以墙界为方，以墓为圆，寓意女诗人在天地中安息，永为世人凭吊和缅怀。

薛涛·曾经沧海难为水

上官婉儿：不是宰相，胜似宰相

四川省达州市著名作家宋小武写了一部长篇小说《华夏精魂》，其中特以上官婉儿为主线进行展开，详细描述了这位才女的复仇经历，引起不少读者浓厚的兴趣。著名影视演员陈丹宁主演了一部电视连续剧《上官婉儿》，更是将这位大唐女性的传奇经历传播到大街小巷，家喻户晓。那么，上官婉儿到底是个怎样的人物，何以引起后人如此关注？其中必有原因，请随笔者的墨脉一同走进盛世大唐，去细细品味这位旷世奇女的迷人风采！

祖父为当朝宰相，不幸成替罪羔羊

首先，我们了解一下上官婉儿的生平。她不是什么凡夫俗子阿猫阿狗，而是在历史书上能够名垂千古的重要人物。那么，这样的人出生在什么样的家庭呢？是不是像李斯那样出身寒门，还经常看老鼠在粮仓偷食；还是像韩信那样年少就失去双亲，靠洗衣妇女施舍粮食才能过活；抑或是像西施那样，虽有姣好容貌，也不过穷居乡村最终成为政治的肉欲工具，美其名曰为了越国的振兴奉献自己，不过是掌权者交易的商品，用过之后就迅速被抛弃。

上官婉儿并不像以上提到的任何一位，她的祖父上官仪是唐高宗时的著名宰相，也是当时的文坛大咖，曾写过"脉脉广川流，驱马历长洲。鹊飞山月曙，蝉噪野风秋"的诗歌。另外，上官婉儿的曾祖父上官弘曾在隋朝时任江都宫福监，高祖父上官贤官至北周幽州太守，家里四代为官，属于典型的官宦世家，其生活质量和水准是可想而知的。

关于上官婉儿的出生，《旧唐书》还有一段记载，说上官婉儿的母亲郑氏怀孕期间，梦见一名巨人送来一杆秤，嘱咐说："持此，称量天下！"梦醒之后，郑氏立即告诉了自己的丈夫，两人顿时喜笑颜开，认为一定会生一个宰相儿子。哪里知道，当呱呱坠地的却是一个肥白的女婴时，他们俩彻底失望了。不过，这极有可能是郑氏瞎编出来哄大家的。岳飞的母亲不是谎称自己梦到大鹏吗？孔子的母亲不是梦到黄河水都干了吗？李白的母亲不是梦到文曲星下凡了吗？这些全当不得真！

总之上官婉儿是幸运的，家里世代为官，出身十分高贵。但是，她又是最不幸的。没想到自己才刚刚出生，祖父上官仪就因为给皇帝当枪手，惹了滔天大祸。情况是这样，当时由于武则天权势日重，唐高宗又不是傻子，他感觉到皇后已严重威胁到了他的皇权，要是再任由其发展下去，可能皇位都不保。于是，高宗便私下与宰相上官仪商量，干脆弄一份诏书把武则天的皇后给废黜了，这样就能消除对自己的威胁，还能保住李家的大唐江山。哪里知道，他们谋事不密，行动不速，很快就被武则天的眼线发现。武则天知道这情况后，并未慌张，镇定自如地开始反击。麟德元年（公元664年），上官仪和儿子便被武则天找了个理由残忍杀害，高宗也只能眼睁睁看着自己的同谋被火速"枪毙"，他连个屁也没敢放一个。

祖父和父亲双双被砍掉脑袋时，上官婉儿才刚刚出生几个月。无奈之下，她只能和母亲郑氏被朝廷发配到了掖庭宫。郑氏在宫里干劳力，或许是洗衣服做饭之类，上官婉儿就在这样的环境中成长。在掖廷为奴期间，郑氏并没有放弃对女儿的培养，亲自教上官婉儿读书写字，不仅教了上官婉儿先秦诸子，还教会她学习《诗经》、《楚辞》等经典。由于上官婉儿遗传了祖上的文学基因，聪明伶俐，很有天赋，很快就能吟诗作文，还明达吏事，成为宫里的奇闻。

聪明伶俐讨人喜欢，则天免其奴婢身份

有一个典故是这样的。由于上官婉儿小小年纪就能吟诗作词，在宫中这可是一件新鲜稀奇事，很快十传百，百传千，就被皇帝武则天给知道了。武则天这个人对有才华的人还是很看重，也乐于提拔。当初骆宾王参加徐敬业的叛乱，其写作的檄文被看到之后，还受到了武则天的赞许，可见其重视人才的态度。年幼的上官婉儿就能写诗，武则天更是十分感兴趣，在仪凤二年（公元677年），她就召见了年仅14岁的上官婉儿进行现场考察和确认。

在朝堂之上，武则天当场出题考校。令人意外的是，上官婉儿略微思索，便"文不加点，须臾而成，且文意通畅，词藻华丽，语言优美，若是夙构而成"。武则天看到文章后，拍腿盛赞，十分喜欢，没想到上官婉儿小小年纪，便有如此才学，值得培养和重用。于是武则天当即下令免去了上官婉儿奴婢的身份，还给予了她才人

的名分，让14岁的上官婉儿掌管宫中诏命，时称"内舍人"。

或许因为太过年轻，14岁的上官婉儿政治上还不太成熟，往往做出一些幼稚的举动。才被武则天宠爱不久，她就因为不懂规矩冒失犯错了。史料记载，武则有一次与男宠张昌宗兄弟二人吃早餐，上官婉儿也在一旁坐着吃。这时，上官婉儿盯着张昌宗这个"大帅哥"十分入神。当时，武则天很生气，一把匕首就直接扔了过来，差点就把上官婉儿给刺中。原来，经不住张昌宗的引诱，上官婉儿对其动了心，当着武则天之面还公开回送"秋波"。武则天吃了醋，立即下令将上官婉儿关了起来，并想杀掉她出这口恶气。没过多久，武则天有些不忍，她欣赏上官婉儿的才华，便格外开恩仅处其以黥面之刑。这个黥面是什么意思呢，它是在脸上刺字的一种刑罚。大宋参加农民起义的林冲和宋江不就是在脸上刺了一个字吗，最后在流放的过程中，还想找个什么膏药给涂抹掉。

受到这次风波后，上官婉儿彻底成熟了，她吸取了以往失败的经验，重振精神，始终把握一个原则，武则天喜欢的东西千万别碰，武则天说的任何话也永远是对的。她精心侍奉，曲意迎合，终于得到了武则天的欢心，从此也更受宠爱。《旧唐书》记载，武则天之后让上官婉儿处理百司奏表，参决政务，权势也日盛起来。就连武则天的侄儿武三思，也想去攀上官婉儿，并与其私通。在所草诏令中，上官婉儿便经常推崇武氏而排抑皇家。当时，与上官婉儿关系好的都得到了提拔。其中，中书侍郎崔湜因为与上官婉儿在外宅私通，便被引以为相。这个崔湜是什么人，他就是杜甫一首诗中"岐王宅里寻常见，崔九堂前几度闻"中崔九的哥哥，当了中书令。可见上官婉儿在朝廷中起到了不可小觑的作用，其权势鲜有人可比。

不满现状参与政变，依附太子再找后台

虽然权势得到了满足，但上官婉儿并不是一个甘于现状轻易满足之人，她知道武则天已经年老，不可能永远当皇帝，她得为自己找好退路，便默默寻找自己的新后台，这个后台便是太子李显。

在宫中，上官婉儿勾引了李显，并与其有了肌肤之亲。这个时候，上官婉儿岁数并不大，才16岁，大约也就是现在的高中生年纪。她年龄虽小，但心机不浅。上官婉儿知道李显以后必定会有作为，得下一盘大棋，搞一场政治投机。就像当年吕不韦押宝秦国王子异人一样，希望这次"奇货可居"以后能成大事。然而，最开始李显并没有交上好运，还被废，远戍钧州、房州。

不过，这样的霉运并没维持多久，就因武则天的下台而改变了。神龙元年（公元705年），张柬之等拥护李唐宗室的大臣发动神龙政变，武则天被迫退位。神龙政变后，唐中宗李显复辟了。这时的上官婉儿心里那个高兴啊，自己押的这个宝可算是得到了回报。李显当上皇帝后立即安排"老相好"上官婉儿专掌起草诏令，对其充分信任。李显觉得这还不够，便拜上官婉儿为昭容。这个昭容是个什么职位呢，就相当于贵妃，除了皇后她就最大。除了封上官婉儿，她的母亲郑氏也得到了回报，被李显封为沛国夫人。

上官婉儿不忘"旧情人"，又向韦皇后推荐了武三思，将武三思领进宫中，李显于是开始与武三思商议政事，当年发动政变的张柬之等人反而受到了武三思的遏制，不久还被武三思等人设计贬

杀。这时，上官婉儿的权势达到了最高峰。

手掌大权重视文风，培养人才受到追捧

在上官婉儿掌握了朝政大权，被称为"巾帼宰相"之时，她也做了一些利己又利国的大事。

首先，她说服中宗李显将自己的祖父上官仪一案进行了平反，并追赠上官仪为中书令、秦州都督、楚国公，追赠上官庭芝黄门侍郎、岐州刺史、天水郡公。另外，她的母亲郑氏去世后，她请求李显追谥为节义夫人，并上表将自己的品级降为婕妤以示哀悼，不久之后恢复。

其次，上官婉儿请求皇帝李显规定天下百姓23岁时才算成丁，55岁为老人，到59岁就免除劳役，改易制度，用来收取人心民望，李显也一一准许。

另外，上官婉儿十分重视文学，多次劝说李显大量设置昭文馆学士（相当于翰林学士），广招当朝词学之臣赋诗唱和。每次聚会时，她都同时代替李显和韦皇后几人作诗，文思泉涌，数首并作，诗句优美，时人大多传诵唱和。譬如她创作的《彩书怨》这首诗就被天下人广为传唱，内容如下："叶下洞庭初，思君万里余。露浓香被冷，月落锦屏虚。欲奏江南曲，贪封蓟北书。书中无别意，惟怅久离居。"同时，对大臣所作之诗，中宗李显又令上官婉儿进行评定，名列第一者，常赏赐金爵，贵重无比。学者计有功在《唐诗纪事》中写道，中宗曾于景龙三年正月晦日游长安附近的昆明湖，即兴赋诗，命群臣各应制一首。由上官婉儿最终评定出了宋之问的

诗作，然后评论："二诗工力悉敌，沈诗落句云：'微臣雕朽质，羞睹豫章材。'盖词气已竭。宋诗云：'不愁明月尽，自有夜珠来。'犹陟健举。"自此，朝廷内外吟诗作赋顿时形成一股潮流，从一定程度上提高了众人的文化素养，陶冶了情操，也客观上发现和培养了一批文化人才，并使初唐的文学事业得到了长足发展。

初唐文学家武平一在《景龙文馆记》一文中就高度评价了上官婉儿做出的贡献："至幽求英俊，郁兴辞藻，国有好文之士，朝无不学之臣，二十年间，野无遗逸，此其力也。"

世事难料中宗被杀，才女婉儿命丧九泉

谁也没有料到，上官婉儿依附的皇帝李显并没有维持住自己的权威，很快就被韦后和安乐公主给毒死了。

这个时候，太平公主的势力日盛，上官婉儿便悄悄投靠了这么一个新主。当中宗被毒死后，上官婉儿与太平公主便一起草拟遗诏，立温王李重茂为皇太子，是为睿宗。韦后知政事，相王李旦参决政务。

但是，事情并没有结束。才发动政变没多久，临淄王李隆基与太平公主商议，决定先下手为强，发动唐隆之变，率羽林军亲信攻入宫中，杀死韦后、安乐公主等一党，并拥立他的父亲李旦。上官婉儿执烛率宫人迎接，并把她与太平公主所拟的遗诏拿给大臣刘幽求观看，以证明自己是和李唐宗室站在一起的，刘幽求拿着遗诏求李隆基开恩。

这个李隆基可不是吃素的，她已看清了上官婉儿的真实面目，

知道她不断找靠山，最先投靠武则天，接着是中宗李显，后来又是韦后和太平公主。此次，虽然上官婉儿向李隆基示好，但并没有得到他的同情。大臣刘幽求拿着遗诏替上官婉儿申辩，希望免她一死，李隆基却说："此婢妖淫，渎乱宫闱，怎可轻恕？今日不诛，后悔无及。"于是立即下令，将上官婉儿杀于旗下。上官婉儿的靠山太平公主其实也是舍不得的，对上官婉儿的死十分悲伤，派人去吊祭，并出钱五百匹绢。自此，这位才女最终还是做了皇权争斗的牺牲品，离开了花海人世。

李隆基杀掉了上官婉儿，但又假惺惺做出了一些表面工作。景云二年（公元711年）七月，他下令复封上官婉儿为昭容，谥号惠文。接着，李隆基又派人将上官婉儿的诗作收集起来，编成文集20卷，令张说作序。张说在序中对上官婉儿作了高度评价："敏识聆听，探微镜理，开卷海纳，宛若前闻，摇笔云飞，成同宿构。古者有女史记功书过，复有女尚书决事言阀，昭容两朝兼美，一日万机，顾问不遗，应接如意，虽汉称班媛，晋誉左媪，文章之道不殊，辅佐之功则异。"

上官婉儿·不是宰相，胜似宰相

三十二首诗歌流传千古，开创抒情写作先河

虽然上官婉儿最终成了政治的牺牲品，被李隆基残忍杀掉，但是她的诗作却像天上的北斗星一样永远闪耀着光芒，并光照后世千秋，成为后世文人的美谈。

有文学家评价上官婉儿，称其在诗歌创作上的卓越才华及其对文学事业的贡献，在初唐时期无人能够比拟，是她促进了五言律诗

的定型。代表诗歌最高成绩的《全唐诗》一书，还特别收录了上官婉儿 32 首诗歌，其中有一首应制诗，笔者十分喜欢。《奉和圣制立春日侍宴内殿出剪彩花应制》："密叶因裁吐，新花逐剪舒。攀条虽不谬，摘蕊讵知虚。春至由来发，秋还未肯疏。借问桃将李，相乱欲何如？"

除了一些宫廷应制的诗作，上官婉儿还写有旅行纪游之作，特别是那些抒写个人情怀的作品，回归了诗歌的属性，摆脱了宫廷诗感情贫乏、装模作样的流弊，开创了唐诗由歌功颂德走向抒写性情的先河。

正因为上官婉儿在历史上的特殊身份，集政治、文化、权谋于一身的她，比起其他纯粹的文人更有鲜明特色，她的传奇也成为后世文人争相创作的素材，能够列数的就有：梁羽生《女帝奇英传》，田原《上官婉儿传》，宁业高《绝代才女上官婉儿》，赵玫《上官婉儿》，李靖岩《红颜宰辅》，许广陵《四大才女之上官婉儿传》，王德英《多才风雅上官婉儿》，等等。

如果读者还想近距离去怀念这位自古难得的文学奇才、权谋高手、旷世美人，可以去陕西省咸阳市渭城区北杜镇邓村，那里有一处唐墓，该墓的主人公便是上官婉儿。在古墓志盖上题有"大唐故昭容上官氏铭"，志文楷书，近一千字，记载着上官昭容世系、生平、享年、葬地等信息。这些都有利于读者对上官婉儿的生平进行研究，也更接近历史真相，具有重要的史料价值。各位不妨去看一看，读万卷书，行万里路的意义，可能正在于此。

杨贵妃：世上最美的"替罪羔羊"

提到杨贵妃，部分人会想到一个词"红颜祸水"。可是，事实真是如此吗？正如牙齿掉了的老太太，吃不动甜蜜的甘蔗，反而怪甘蔗不软不脆，有这个道理吗？真可叹一代天仙美女杨玉环，就这么成了政治的"替罪羔羊"，最终烟消云散沦为世人的笑谈！唯一还算值得庆幸的是，这个命运曲折的女人，后来成了文学家吟咏的题材，譬如大唐诗人杜甫在《哀江头》一诗中就写道："清渭东流剑阁深，去住彼此无消息。人生有情泪沾臆，江花江草岂终极！"白居易在《长恨歌》中形容杨玉环："回眸一笑百媚生，六宫粉黛无颜色。"李白的《清平调》则赞美她："云想衣裳花想容，春风拂槛露华浓。"笔者不由地想，能够得到唐朝最有名的三大诗人同时赞美与哀叹，这也是一种特殊的安慰吧。

官宦之家不贫寒，能歌善舞迷寿王

中国四大美女中，杨玉环的出身还算比较高贵。她不像西施那样生于农村，父亲仅仅是一个地道的小农民。更不像貂蝉那样，连出生也模糊不清，或许是难民也说不准。当然也不像王昭君那样，

113

虽然以公主的身份下嫁西藏，但终究是出身低等的宫女冒充而来。杨玉环的父亲还好是蜀州的司户参军，相当于成都市一个管户口的县处级官员。她的曾祖父杨汪是隋朝的上柱国、吏部尚书（相当于国家人社部部长），唐初被李世民所杀。杨玉环生于唐开元六年（公元 718 年），其童年在四川度过，10 岁左右因父亲过早去世，无奈被寄养在洛阳三叔杨玄璬家，后又迁往永乐（今山西省永济市）。

出生在这样一个还算有根基的家庭，杨玉环当然比一般的贫寒子女生活更优越，教育也更优良，不仅能像其他千金小姐一样学习歌舞，还精通音律，善弹琵琶，具备较高的文化修养。再加上她父母长相不错，遗传基因优良，年轻的杨玉环真是生得亭亭玉立，肌肤雪白，身材风韵，令人陶醉心动。

"佳人自有郎来求，缘分到时情自流。"这不，在大唐开元二十二年（公元 734 年）七月的某一天，唐玄宗的女儿咸宜公主在洛阳举行婚礼，作为早已闻名遐迩的美女杨玉环自然也在受邀之列。

婚礼上，前来贺喜的达官贵人举不胜举，才子、佳人、官员比比皆是。在人群中，有一个人却对其他女孩并不感兴趣，唯独对前来参加婚礼的杨玉环情有独钟，一见钟情。这个人便是咸阳公主的胞弟寿王李瑁。见到杨玉环的一刹那，李瑁知道自己一生所追求的女孩便就在眼前了。他打定主意后，便立即托媒人向杨玉环表达了深深的爱意。

一个是高贵的王子，一个是美妙的少女，天设一对，珠联璧合，谁又会拒绝呢。美若天仙的杨玉环高兴地答应了寿王的求爱，幸福地嫁给了这位年轻英俊的王子。婚后，他们两人恩恩爱爱，卿卿我我，生活真是甜美异常，令人陶醉羡慕。

天降仙女悖伦理，玄宗爱上靓儿媳

谁也没有料到，一代天子唐玄宗会爱上自己的儿媳。当然，杨玉环做梦也不会猜到，自己的的爱情将被至高无上的皇权给剥脱。尽管自己的丈夫是高贵的王子，但是在皇帝面前也只得靠边站。

开元二十五年（公元 737 年），唐玄宗李隆基最喜欢的女人武惠妃去世了。这个陪伴玄宗多年的女人，为什么就那么命薄呢，在自己最美妙的年华就撒手西去。她还没有好好享受和玄宗恩爱幸福的日子，还没好好欣赏这个鲜花盛开绚丽无比的世界，就被疾病夺去了宝贵的生命。宠爱的女人去世，尽管后宫还有佳丽三千，倔强的唐玄宗却茶饭不思，郁闷惆怅，每天晚上对漂亮的女人似乎都失去了兴趣。一向懂得揣摩上意的宫中太监，这时便给唐玄宗介绍了一个女人，她不是别人，正是寿王的妻子杨玉环。

唐玄宗听说之后，便与杨玉环见了一面。这不见不知道，一见心旷神怡。他发现杨玉环真是"此女只应天上有，凡人又能见几回"，果然生得是"姿质天挺，宜充掖廷"。于是唐玄宗当即将杨玉环召入后宫之中玩乐一番，真是夜夜销魂，令人惬意。然而，毕竟杨玉环是自己的儿媳妇，玄宗又怕影响不好，总得找一个长久之计。

宫人又开始出骚主意了，便建议玄宗要想长久占有杨玉环，就得将其与寿王分开，唯一的方法就是让杨玉环去当道士。接着，开元二十八年（公元 740 年）十月，唐玄宗便以为母亲窦太后祈福的名义，敕书杨玉环出家为女道士，道号"太真"。寿王哪里不知道玄宗的"醉翁之意不在酒"呢，但是在天子面前，他又有什么办

杨贵妃·世上最美的『替罪羔羊』

115

法，只能将自己悲苦的泪水吞进肚里，眼睁睁地看着自己心爱的女人离他而去，真是夜夜流泪，痛不欲生。

作为老爹的玄宗，想到自己占有儿媳，有些亏欠儿子寿王，便在天宝四年（公元745年）把韦昭训的漂亮女儿嫁给了李瑁，并册立为寿王妃，希望以此减轻李瑁的痛苦，也为自己的私欲遮羞。

解决了儿子王妃的问题后，玄宗真是迫不及待要和杨玉环夜夜厮守，很快就册封杨玉环为贵妃。别小看这个贵妃，在后宫除了皇后，就是贵妃最大。再加上玄宗自废掉王皇后就再未立后，因此当时的杨贵妃可就相当于享受实惠的皇后待遇了。

曾经沧海难为水，玉环已忘昔日夫

时间是忘记痛苦的最好良药。或许，对于杨玉环来说，对寿王的爱在玄宗册立自己为贵妃的那一刻起就已经消失了。这时的女人，反而不如男人痴情。寿王自此郁郁寡欢，而杨玉环却是陪玄宗夜夜笙歌，好不快哉。

据《古今宫闱秘记》卷三《得宝子》记载，由于玄宗喜欢音乐，又懂诗词，便亲自谱写了《霓裳羽衣曲》，在召见杨贵妃时，亲令乐工演奏。当音乐声响起，玄宗便缓缓走向动人的杨玉环身边，将金钗钿合插在杨玉环的鬓发上，然后一把紧紧搂住玉环美妙白皙的玉体，对后宫佳丽说："朕得杨贵妃，如得至宝也。"

杨玉环虽然没有被立为皇后，但是当时王皇后已被废黜，因此贵妃也就是实际的"后宫第一把手"了。宫内的人都称呼杨玉环为"娘子"，实际上也享受到了后位的待遇。当时，岭南人士进贡了一只美丽的白鹦鹉，这只鹦鹉不仅羽毛丰满，动作灵巧，最要紧的还能模仿人说话。玄宗和杨贵妃对其十分喜欢，称它为"雪花女"，宫中左右则称它为"雪花娘"。唐玄宗令词臣教鹦鹉念诗，数遍之后，这只白鹦鹉就能吟诵出来，十分讨人喜欢。玄宗每与杨贵妃下棋，如果局面对玄宗不利，侍从的宦官怕玄宗输了棋，就叫声"雪花娘"，这只鹦鹉便飞入棋盘，张翼拍翅。可惜，后来天空中飞来一只老鹰，无情地将"雪花娘"啄死了，玄宗与杨贵妃十分伤心，将它葬于御苑中，称为"鹦鹉冢"。这只鹦鹉的死去，似乎正预示着杨玉环以后悲惨的命运。

一骑红尘妃子笑，无人知是荔枝来

唐玄宗对于杨贵妃的宠爱超过了任何宫女妃嫔，只要哪一天没有玉环相伴，他几乎是魂不守舍，难过异常。对于杨玉环的任何要求，他是全盘答应，哪怕是派人到天上去摘星星，去河里捉鳄鱼，玄宗也是尽力讨好。

由于杨贵妃喜欢诗词和音乐，当时有名的大诗人李白则担任了御用词人一职，也就是翰林供奉，而大音乐家则为御用作曲家和演奏家。杜甫有一首诗写道李龟年："岐王宅里寻常见，崔九堂前几度闻。正是江南好风景，落花时节又逢君。"里面写的"君"就是李龟年，他就是皇帝的御用作曲家。据史料记载，天宝二年（公元743年）夏的一天，玄宗皇帝刚刚和杨贵妃从华清池里洗完鸳鸯浴出来，正在宫中花园里观花赏景，两人沉浸在行乐逍遥之中。美景，美人，就差美词了。于是玄宗立即召见大诗人李白前来写诗。

李白醉眼蒙眬、似醒非醒地来到园中，欣赏着美景佳人，默默沉思吟咏。玄宗见李白迟迟不动笔，便问何故，李白说要高力士亲自磨墨脱靴兴更浓。高力士虽然心里不服，但为了讨得玄宗欢心，也只有在一旁小心侍候。

在高力士为李白脱靴之后，李白还真是文思泉涌，摇头晃脑，手执毛笔一挥而就："云想衣裳花想容，春风拂槛露华浓。若非群玉山头见，会向瑶台月下逢。"杨贵妃见到这样一首好词，心中自然高兴，便破天荒地给李白斟了一杯酒，对其大力鼓励与表扬。李白受宠若惊，很快又喜滋滋地疾书了第二首、第三首。其二："一枝红艳露凝香，云雨巫山枉断肠。借问汉宫谁得似，可怜飞燕倚新妆。"其三："名花倾国两相欢，长得君王带笑看。解释春风无限恨，沉香亭北倚阑干。"

玄宗阅过李白的词，赞不绝口，遂命高力士将它交给梨园谱曲供贵妃日后舞唱。几天之后，李白的清平调已被谱成新曲。于是乎，杨贵妃边唱边舞，当唱到第二首"一枝红艳露凝香，云雨巫山枉断肠。借问汉宫谁得似，可怜飞燕倚新妆"之时，贵妃的姐姐虢国夫人和韩国夫人齐声称赞："娘娘唱得声情并茂，即使那汉宫赵飞燕也是望尘莫及呀！"而坐在一旁欣赏的唐玄宗更是被玉环的美妙歌声勾住了魂儿，心里格外畅快，像一缕春风吹进心田。

除了与杨玉环有共同的音乐爱好，请诗人、作曲家给其谱曲、写词外，唐玄宗在生活上对杨玉环更是关怀备至，有求必应。由于杨玉环喜欢吃荔枝，但是当时的荔枝产于南方，保鲜很困难，采摘后"一日色变，二日香变，三日味变，四五日外香味尽去矣"。因此，为了让自己的美人吃到新鲜的荔枝，唐玄宗便动用千里马运送，有时为运送荔枝累死几匹烈马。著名诗人杜甫还写了一首《过华清宫》绝句作证："长安回望绣城堆，山顶千门次第开。一骑红尘妃子笑，无人知是荔枝来。"

一人得道受宠幸，鸡犬升天显威风

俗话说："一人得道，鸡犬升天。"由于杨玉环受到唐玄宗的极度宠幸，她的三亲六戚自然也被皇帝看重，不仅分封了大官，还被皇帝赐予了不少财产。譬如杨贵妃的大姐便被封为韩国夫人，三姐封为虢国夫人，八姐封为秦国夫人，每月政府还给他们各赠脂粉费十万钱。

特别是虢国夫人排行第三，以天生丽质自美，不假脂粉。杜甫《虢国夫人》诗云："虢国夫人承主恩，平明上马入金门。却嫌脂粉宛颜色，淡扫蛾眉朝至尊。"玄宗见其美丽，也一并收入怀中，极尽宠幸，夜夜交欢。

除了自己的姐姐被皇帝关照外，杨玉环的兄弟也均被赠予高官，甚至她的远房兄弟杨钊也受到了优待。杨钊原为市井无赖，在成都时给人当下手谋生活，后玉环得势后，他因善计筹，玄宗竟赐名国忠，身兼度支郎中等十余职，几乎操纵了朝政。

当唐玄宗游幸华清池时，常常以杨氏五家为扈从，每家一队，穿一色衣，五家合队，五彩缤纷。沿途掉落首饰遍地，闪闪生光，其奢侈无以复加。另外，除了得到玄宗的赏赐与封官外，杨玉环的家族还与皇帝扯上了更为亲密的亲戚关系，她们杨家一族竟娶了两位公主、两位郡主，真正成了高贵的皇亲国戚。

争风吃醋还任性，两次出宫两次回

女人一旦被某人专宠，便会尾巴翘上天，耍起小脾气来。这不，杨玉环也没有摆脱这个怪圈。由于唐玄宗对其恩爱有加，杨玉环便开始奢望自己一人独占这个男人。但是，对于帝王来说，当然是体味更多的美女为好，玉环想独占这又是多么不现实的事呢。

正史《旧唐书》记载："五载七月，贵妃以微谴送归杨铦宅。"《新唐书》卷七十六记载："它日，妃以谴还铦第，比中仄，帝尚不御食，笞怒左右。高力士欲验帝意，乃白以殿中供帐、司农酒饩百余车送妃所，帝即以御膳分赐。力士知帝旨，是夕，请召妃还，下钥安兴坊门驰入。妃见帝，伏地谢，帝释然，抚尉良渥。"翻译成现代语言就是：天宝五载（公元746年）七月，由于杨贵妃恃宠骄纵，得罪了玄宗，便被玄宗谴归回了娘家。但是，当贵妃真被撵出宫后，玄宗又开始想念起这个美人来，真是饮食不进，思绪惆怅。一向懂得揣摩上意的高力士，又两边讨好，出主意将杨玉环接了回来。杨玉环回到宫中后，特别聪明，立即下跪，并当面道歉认错。唐玄宗看到可怜的美人儿，哪里还有什么气呢，一把拥住杨玉环在脸上啵啵地亲了好几遍，心情别提有多高兴了。

像这样的例子，据史料记载一共出现了两次。比如第二次，《旧唐书》就详细写道："天宝九载，贵妃复忤旨，送归外第……贵人泣奏曰：'妾忤圣颜，罪当万死。衣服之外，皆圣恩所赐，无可遗留，然发肤是父母所有。'贵人乃引刀剪发一缭附献。玄宗见之惊惋，即使力士召还。"此段写得很明白，杨玉环第二次招惹唐玄宗生气了，玄宗又要撵其回娘家，这次杨玉环要聪明了，便立即跪下哭泣着说，妾真是不懂事，又惹陛下生气了，本来罪当万死的。但是，我的一切都是陛下您赐予的，没什么可留下，但是头发却是父母给的，因此我只有将头发剪掉献给陛下您，希望陛下保重。杨玉环这么一说，顿时感动了唐玄宗。玄宗气也消了，一把搂住自己的爱人，还赔礼道歉："都是朕不好，都是朕不好，让美人受委屈了。"

经过前面两次的风波，杨玉环深深知道了唐玄宗对自己的情意，知道唐玄宗要是没有她，便会寝食不安，于是也更为骄纵起来。当时杨家"出入禁门不问，京师长吏为之侧目"。陈鸿在《长恨歌传》如此记载："居易歌曰：'姊妹弟兄皆列土，可怜光彩生门户。遂令天下父母心，不重生男重生女。'"

安史之乱危大唐，马嵬坡上"替死羊"

由于唐玄宗沉溺于女色，对于国政也很少过问，一切都交由当时的李林甫和杨国忠处理。这两个奸臣本身没什么才华，又嫉贤妒能，让真正的有识之士无法报效国家，就连杜甫这样的大诗人居然连一般的小公务员也考不上。人才的弃用，导致社会治理的混乱，治理的混乱又会滋生一大批当权派，从而严重威胁皇权。这不，天宝十四载（公元755年），范阳、平卢、河东三镇节度使安禄山便不满足于现状，以为自己翅膀长硬了，也想去当一个皇帝过过瘾，便以"清君侧，反杨国忠"为名起兵叛乱，兵锋直指长安。这个安禄山曾经还是杨贵妃的干儿子，对于唐玄宗更是马首是瞻，哪里知道一旦有了兵权，看到国家破败的迹象，便想自立门户，准备单干了。这

杨贵妃·世上最美的『替罪羔羊』

时他也完全不会顾及与杨国忠还是个"野老舅"了，而是为了权力，用虚伪的口号叛乱了。

战争打得很激烈，很快长安就不保。次年，无奈的唐玄宗带着杨贵妃与杨国忠一起逃往蜀中（今四川省成都市），途经马嵬驿（今陕西省兴平市西）时，万万没有料到部下陈玄礼心怀不满，鼓动一大批随驾的禁军军士，一致要求处死杨国忠和杨贵妃。这是一场典型的哗变，这时作为皇帝玄宗也是刀架在脖子上，自己做不了主了，只能眼睁睁地看着军士乱刀砍死了杨国忠。

杀了杨国忠，军士依旧不依。唐玄宗为贵妃求情："国忠乱朝当诛，然贵妃无罪，请赦免！"但是，这时的军士哪里是皇帝能指挥的军士呢，简直就是闹兵变的张学良，他们对于皇帝的意见当耳边风，声称不杀杨玉环，难慰军心、难振士气，继续包围皇帝请他下令。高力士是看出来了，这些个军士现在是不听皇帝号令，为了自保，留得青山在不怕没柴烧，悲痛的唐玄宗不得已下令赐死杨贵妃。

最终杨贵妃便被一条白绫套在脖子上，缢死在马嵬驿一座佛堂的梨树下，年仅 38 岁。一代天仙美女，就这样被当作了政治的"替罪羔羊"，白白死去了。十多年的恩爱，十多年的荣华，十多年的快乐，到那时才知道还不如平平淡淡的百姓生活。白居易在《长恨歌》也如此感叹："六军不发无奈何，宛转蛾眉马前死。"

后来，唐玄宗在安史之乱平定后回到了长安的皇宫，曾派人去寻找杨贵妃的遗体，但始终未曾寻得。后世有文人不愿接受贵妃惨死的结局，便写了不少野史，称杨贵妃并没有死，当时只是找了一个宫女替身，之后杨玉环还辗转到了日本。但这终究只是一个传说，只不过是他们的一种无奈的美好愿望罢了。

太平公主：东施效颦，终抵不过武则天

在唐朝，除了武则天想当皇帝之外，还有其他几个女人更有此想法，她们分别是韦皇后、上官婉儿、太平公主等。但是，这几个人最终都失败了，其中太平公主参与得最为积极轰动，败得也最为惨烈。据《全唐文·代皇太子上食表》一文记载，太平公主全名为李令月，是唐高宗李治与武则天的小女儿，平生极受父母兄长尤其是其母武则天的宠爱，权倾一时。只可惜，想登基称帝的她因公元713年涉嫌谋反，被唐玄宗发兵擒获，赐死于家中。一代女杰，虽想"东施效颦"，但终抵不过武则天也。

忠孝贞洁两俱全，青春年少受美赞

太平公主，许多人对其的印象是：浪荡、荒淫、凶残。其实，这是对她的误解。少年时代的太平公主，是一个十足的孝女和贞女，其品德受到了时人的好评和赞扬。

太平公主到底生于哪一年，笔者查阅不少史料并未找到。不过，根据《新唐书》记载，麟德二年二月丁酉，李治驾至合璧宫，乾封元年三月十七离开东都，此间李治与武则天居于东都洛阳，由

123

此可以基本断定太平公主出生于洛阳，又根据她第一次结婚时间可以推断，她可能生于公元 665 年左右，是武则天和唐高宗李治最小的女儿。

由于是武则天和李治最小的女儿，太平公主极受他们的喜爱。在太平公主 6 岁左右，她常常去自己的外婆荣国夫人家游玩。这本是一件好事，却由此引出祸端。据相关史料介绍，当时太平公主随行的宫女被其表兄贺兰敏之强奸，也有说是太平公主被逼奸，可想而知她这个表兄是多么坏，多么浪荡，一点也不比当前的败家子"官二代"差。贺兰敏之不仅强奸了宫女，还可能强奸了幼女，并且这个幼女就是自己的亲表妹太平公主。如此恶毒之人，自然不能被世人容忍，特别是欺负了武则天的亲女儿。武则天得知此事后，勃然大怒，当即决定，撤销贺兰敏之作为武家继承人的身份，并将其流放偏僻之地。娇生惯养的贺兰敏之哪里受过这流放的苦，没过多久就消瘦不堪，他写信向武则天求饶。武则天绝不是心软的女人，也不会出尔反尔，不仅没有撤销贺兰敏之的处罚，一气之下还迅速将其给处死了。我想，这个贺兰敏之受到了应有的惩罚。

太平公主 8 岁时，为了给去世的外婆荣国夫人祈福，便出家为女道士，"太平公主"的道号也自此而来。虽然出家，但是太平公主和其他道士不一样，她不用住在道观，而是一直住在皇宫。

太平公主自小很漂亮，其名声都传到了吐蕃。当时吐蕃王子想来求亲，武则天自然舍不得这个孝顺的小女儿，便以其当了道士为名婉拒了这场婚姻。

后来，太平公主渐渐长大了，到了谈婚论嫁的年龄。有一天，她在皇宫中面见自己的父母，还穿着武官的服饰在他们面前跳舞。

李治和武则天看了后哈哈大笑，并有意问她："亲爱的幺女儿，你又做不了武官，还穿什么武服呢？"只见太平公主不慌不忙地说："陛下，我虽然当不了武官，但是可以赐给驸马呢。"唐高宗顿时明白了太平公主的意思，原来自己的小女儿情窦初开想男人了。随后，唐高宗李治便开始为太平公主挑选驸马了。

公元 681 年，16 岁的太平公主被唐高宗安排嫁给了嫡亲外甥——城阳公主的二儿子薛绍。她的婚礼就在长安城附近的万年县馆举行，皇帝最宠爱的太平公主结婚，理所应当要比一般的婚礼更为豪华。即使当前某地煤老板 7000 万嫁女的奢华场面，也自然是抵不过的。虽然，大唐时期没有什么奔驰宝马压阵，但至少有成列的马车和八抬的轿子。据史书记载，太平公主的婚礼现场仅照明的火把就将整个城市照得灯火通明，黑夜犹如白昼，甚至烤焦了沿途的树木。为了让公主宽大的婚车通过，还直接拆除了县馆的围墙。当前的老板再有本事，结婚也是不敢去拆城市围墙的，况且他们还谈不上显贵，只是富而已。任何朝代，富永远是抵不上贵的。

不过，虽然太平公主十分显贵，但是她很爱自己的丈夫。有多本史料记载，太平公主的第一次婚姻是美满而幸福的，同时她也并没有婚内出轨，而是一个贞洁的女人。如果薛绍家族不谋反，或许太平公主就是一个贤妻良母，永远也不会参与到后来的政治中，更不会想着当皇帝。看来，人生的命运有时真是说不清。

首次婚姻悲剧结束，自此尝到爱情酸苦

事情永远没有自己所期待的那么美好。公元 688 年，才过了 7

年甜蜜爱情生活的太平公主遇到了一件改变自己一生的大事。由于薛家参与唐宗室李冲的谋反，也牵连到了太平公主的老公薛绍。虽然本分的薛绍并没有参与这次谋反，但武则天哪里允许斩草还不除根呢。于是，武则天并没有顾及太平公主的感受，直接下令将薛顗处死，并杖责薛绍一百。只可惜身体单薄的薛绍没能挺住，在罪恶的监狱中活活被饿死。

这时的太平公主是悲伤的，是绝望的，是无奈的，她深深地恨自己的母亲武则天，也深深地了解到权力是多么宝贵。看到自己刚满月的小儿子，看着丈夫被活活饿死，太平公主却无能为力。这件事，深深地刺激了太平公主。

武则天心里是清楚的，为了安慰自己的女儿，她想做一些补偿，便打破唐公主食封不过350户的惯例，将太平公主的封户破例加到1200户，这或许冥冥之中为后来太平公主参与叛乱提供了优越的经济基础。

时间过了两年，也就是公元690年，武则天让女儿太平公主嫁给了武攸暨。这个武攸暨不是别人，就是武则天伯父的孙子，也就是武则天的侄儿。但是，当太平公主嫁武攸暨时，人家还有漂亮的妻子。这并没有难倒武则天，这个狠心的权力操纵者，直接处死了武攸暨的妻子，排除了这一障碍。

太平公主二婚仅仅过去两个月，武则天就登基称帝。太平公主或许并不爱这个武攸暨，因为他性格谨慎谦退，也没有薛绍浪漫多情。感情得不到满足，太平公主再也不是以前那个守节的女人。据史料记载，她大肆包养男宠，与朝臣通奸，并曾将自己用过的男宠进献给母亲武则天，其中就包括"莲花六郎"张昌宗。自此，涉入政治的太平公主以不可思议的全新面貌出现在了公众的视野，并逐渐登上权力的高峰。

贪爱权势乐当政客，称帝之心悄然萌生

太平公主彻底改变了以往的孝顺、贞洁的形象，而是以"喜权势"的面貌示于众人。一代帝王武则天看到自己的女儿不仅长相、性格像自己，而且在政事处理方面也颇有天赋，对其更为喜爱了。

首先，太平公主就帮武则天办了一件大事。由于武则天有一个男宠叫冯小宝，以前很受武则天喜爱，最辉煌的时候，武则天的女婿薛绍还得管冯小宝叫叔叔。后来，冯小宝恃宠而骄，居然因为吃醋便一把火烧了武则天当初得天命修的明堂，并且还纠集了一批三教九流之徒，想要干出什么谋反的事来。这不是明摆着学习嫪毐吗？以为当了武则天的男宠，就能翻上天，还想纠集一伙三教九流搞政变，这无异于自寻死路。

冯小宝的劣迹，武则天心里明镜似的。但是，她又不能直接出面弄死冯小宝，怕对自己影响不好，心里十分恼火。于是，这时的太平公主则充分显示出了自己的政治才能，她得知武则天的心病后，便秘密谋划，假传圣旨将冯小宝约了出来，并聘请高手壮士，直接把这个冯小宝给乱棒打死了，然后一把火将其烧成了灰，灭了迹。此事得到了武则天的大力表扬，这个女儿干点谋略还真有一手，居然不费吹灰之力就解决了自己的心病，值得培养和重用。

另外，太平公主还帮武则天搞定了来俊臣。其实，来俊臣这个人是武则天一手提拔起来的酷吏。所谓酷吏就是封建时代掌权者的

太平公主·东施效颦，终抵不过武则天

127

打手，为排除异己，用各种手段打击敌人和反对派。来俊臣为武则天的掌权立下了汗马功劳，官位也越做越高，后来居然当了御史中丞、司府少卿。这是个什么官呢，就是中央管监察和司法的二把手，典型的部级干部了。官做大了，将武则天的政敌也弄得差不多了，俗话说："狡兔死，走狗烹。飞鸟尽，良弓藏。"来俊臣这个无赖虽没多少文化，但也明白这个道理。于是，他竟破天荒地又假想出一些政敌来，又诬告太平公主、太子李旦和武承嗣等武则天的皇亲，希望继续显示自己的存在。武则天是什么人物，她心里清楚得很呢。对于来俊臣的诬告，她也根本没当回事，反而觉得来俊臣这个猎狗有些太过了，于是心里有了将其除掉的打算。

武承嗣这时最稳不住，首先进行了反击，也诬告来俊臣谋反。不过，他的分量实在太轻，并没有起到多少效果。这时，太平公主出马了，她在武则天心里分量最重，于是参与到绊倒来俊臣的队伍中。经过太平公主等一伙人的联名上书，来俊臣终于被打入地牢接受调查。万岁通天二年（公元697年）丁卯，武则天又下令将来俊臣斩于闹市并陈尸示众。当时，许多市民百姓都争相去剐他的肉，很快就把他的肉割干净了。武则天为顺应民心，又下诏指责来俊臣的罪恶，而且公告说："务必诛灭来俊臣全家族，以申雪百姓的愤恨，可依法查抄他的家产。"

太平公主通过这两件事的办理，初步显示出了她高超的政治手腕和谋略，同时也受到了武则天的高度信任和赏识。

拥立李显立有大功，权倾一时朝野震动

之后的太平公主在政治上不断取得成功，其权势也日益增大。特别是在神龙元年（公元705年），太平公主又干了一件大事，标志着她走上了政治的巅峰。当时，李家的拥护者、宰相张柬之不满武则天的统治，遂发动兵变诛杀二张，欲强迫武则天逊位给太子李显。太平公主见形势不对，武则天的强势政治已式微，便迅速转向支持李显，并参与诛杀二张兄弟，立有大功，从而被李显封为"镇国太平公主"，并令其开府，封5000户。

李显复位之后，感激太平公主拥立之功，不仅对其大力赏赐，还让太平公走到幕前，积极参与政治和治国。同时，李显还特地下诏免除她对皇太子李重俊、长宁公主等人行礼。

景龙四年（公元710年）七月，太平公主派自己的儿子薛崇简与刘幽求一起参与了李隆基等诛杀韦后的行动，清除了韦氏党羽，并亲手将李重茂拉下皇位，拥立相王李旦复位，是为唐睿宗。太平公主因此番功劳而晋封万户，自此登上唐朝公主权势的顶峰。

由于太平公主相继拥立多位国君，功勋显著，她的权势也得到了绝对发展。当时，李旦处理国事，经常找太平公主一同商量。上朝时，李旦经常同太平公主商量朝廷大政方针，每次她入朝奏事，都要和李旦坐在一起彼此谈论，互相磋商，其受宠程度旁人不可相比。就连宰相处理政事请示皇帝时，李旦也会派遣宰相一定要去太平公主家里问候咨询，直到太平公主认为可行才开始实施。

当时，只要是太平公主想干的事，唐睿宗李旦就没有不同意的。《资治通鉴》就这么记载："上常与之图议大政，每入奏事，

129

坐语移时；或时不朝谒，则宰相就第咨之。每宰相奏事，上辄问：'尝与太平议否？'公主所欲，上无不听。"

当时，大小官员看到太平公主的权力甚至超过了皇帝，一向懂得趋炎附势的官员们开始大量向太平公主行贿，希望得到提拔和重用。太平公主自然也是满足了他们的愿望，朝中许多臣子因此受到了重用。太平公主的财产也随之不断增多，其田产遍布京城长安郊外各地，家里藏的珠宝更是数不胜数，不知道有没有清朝的贪官和珅家里多，但至少在当时绝对是全国豪富中的霸主。《资治通鉴》就评价："太平公主沉敏多权略，屡立大功，益尊重，自宰相以下，进退系其一言，其余荐士骤历清显者不可胜数，权倾人主，趋附其门者如市。"

玄宗方为真命天龙，太平公主仅为凤鸟

太平公主在遇上李隆基之前，没有遇到对手，政治上是顺风顺水的。但是，当李隆基成为她的对手后，这时的太平公主才知道自己根本不是对手，只能是没有老虎时山上跳跃的猴子罢了。

最开始，她认为李隆基很年轻，并不是自己最强的敌人，哪里知道她彻底看错了，李隆基并不是好惹的鸟。李隆基逐渐显示出自己的政治才能后，太平公主有些急了，她准备劝说李旦重新改立昏庸懦弱的人为太子。于是，她派人到处散布流言，声称"太子并非皇帝的嫡长子，因此不应当被立为太子"。

这时的李隆基并没有慌张，而是派了自己的铁杆兄弟宋璟与姚崇秘密地向李旦进言："宋王李成器和豳王李守礼现在都对太子李

隆基有一定威胁，请求陛下将他们两人外放为刺史。同时，也将太平公主与武攸暨安置到东都洛阳。"李旦说："朕现在已没有兄弟了，只有太平公主这一个妹妹，怎么可以将她远远地安置到东都去呢！至于诸王则任凭你们安排。"于是先颁下制命说："今后诸王、驸马一律不得统率禁军，现在任职的都必须改任其他官职。"自此，太子李隆基扫清了与自己争夺太子的竞争者，缓和了紧张的局势。

延和元年（公元712年）八月，睿宗李旦传位于太子李隆基，自己退为太上皇，改元先天。自此，李隆基登上了皇位。但是，太平公主并没有死心。当时，朝中七位宰相有五人是太平公主提拔，另外大臣一半以上属于太平公主的心腹，于是太平公主专擅朝政，与皇帝李隆基发生尖锐冲突。太平公主还谋划与窦怀贞、岑羲、萧至忠等一起废掉唐玄宗，并计划在进献给李隆基的天麻粉中投毒。

太平公主的举动，李隆基完全看在眼中，并与自己的心腹大臣做好了充分准备。首先，李隆基控制住了左右羽林军和左右万骑军，并指使魏知古告发太平公主发动叛乱，说她派遣常元楷、李慈率领羽林军突入武德殿，另派窦怀贞、萧至忠、岑羲等人在南牙举兵响应。

初三那天，李隆基通过王毛仲调用闲厩中的马匹以及禁兵300余人，从武德殿进入虔化门，召见常元楷和李慈二人先将他们控制后斩首，在内客省（中央接待四方来使的礼仪机构，类似于现在的接待部）逮捕了贾膺福和李猷并将他们带出，又在朝堂上逮捕了萧至忠和岑羲，下令将上述四人一起斩首。窦怀贞逃入城壕之中自缢而死，唐玄宗下令斩戮他的尸体，并将他的姓改为毒氏。太平公主仓皇逃入山寺，直到事发三天以后才出来。李隆基并没有放过太平公主，立即下诏将其赐死在家中，防止其绝地反击。太平公主的其他儿子及党羽数十人也一并被李隆基处死，只有薛崇简因为平日屡次谏阻其母太平公主而受到责打，所以例外地被免于死刑，并准许留任原职。

当唐玄宗派手下查抄太平公主的家产时，发现公主家中的财物堆积如山，珍宝器玩可以与皇家府库媲美，厩中牧养的羊马、拥有的田地园林和放债应得的利息，几年也清点不完。可想而知，太平公主的富裕程度令人震撼，但即使如此富裕也无法填满她那对权势无限热衷的心。蔡东藩对其评价得十分到位："妇女不必有才，尤不可使有功，才高功大，则往往藐视一切，一意横行，况有母后武氏之作为先导，亦安肯低首下心，不自求胜耶？卒之天授玄宗，心劳日拙，欲借口于星变，而反迫成睿宗之内禅，欲定期以起事；而又促成玄宗之讨逆，身名两败，不获考终，嗟何及哉！"

历史大咖的另一张脸
2

五代十国

巾帼不让须眉

花蕊夫人：疑是红颜祸水，原为帝王贤内助

皇帝的女人，一般有三种，一种是强人乱政的，甚至想搞掉皇帝自己取而代之；一种是花瓶类的，除了争风吃醋，爱吃爱玩以外再别无他用；还有一种不仅漂亮，还有智慧，更重要的是能当皇帝的贤内助。蓉城大美女花蕊夫人就属于第三种，这位后蜀皇帝孟昶的贵妃，是五代十国时期著名的女诗人，流传至今的诗作就有90多首，其中最著名的《述国亡诗》："君王城上竖降旗，妾在深宫那得知。十四万人齐解甲，宁无一个是男儿。"更不知骗走了多少文人雅士的眼泪，她被后世尊称为"蓉城（成都）花神"，名扬四方，誉满古今。

冰肌玉骨绝色美女，名扬蜀地一线明星

提到花蕊夫人，首先就得提到成都。自古美女出苏杭，也出蜀地。蜀地为天府之国，自李冰父子修建都江堰之后，更是肥沃千里，繁华万千。诸葛亮在《隆中对》中赞曰："益州塞险，沃野千里。"大诗人李白也写诗形容成都的富庶和秀丽："九天开出一成都，万户千门入画图。草树云山如锦绣，秦川得及此间无？"如此

135

被名人赞誉的地方，出生其间的女子当然有许多是美貌多姿，格外迷人了。而花蕊夫人就是其中的佼佼者，时人赞其曰："花不足以拟其色，蕊差堪状其容。"

那么，花蕊夫人到底是一个怎样的人物呢？五代十国留名的皇帝本来就不多，为何她一个弱女子却能被广为传颂？原来，这个花蕊夫人不是别人，而是后蜀皇帝孟昶的费贵妃，尤其擅长写词。据史料记载，花蕊夫人出生在青城（今四川省都江堰市东南），姓费。至于名字到底叫什么，史料也没具体记载，不过她是都江堰市费姓之人的祖先倒是真的，不然该地的费氏家族怎么会修一座费氏宗祠专门纪念这位才女呢，只可惜宗祠在1923年被破坏掉了。

花蕊夫人的出身不好，不像李清照、卓文君那样生在官宦地主之家，她仅仅是平民出身，很小就沦为歌妓，也就是打小就进入了娱乐圈混饭吃，由于人漂亮，又有才华，很快就成为蜀地的一线明星。就像四川的美女张含韵一样，15岁就进入了娱乐圈，并且还有了不小的知名度。

由于当时没有电视，也没有报纸，更没有现在所谓的新媒体（微博、微信等），所以花蕊夫人的美貌也就没能全面地记录下来，当然也就没有留下一张照片写真什么的。花蕊夫人的男人——后蜀主孟昶，当时专门作了诗词描写花蕊夫人："冰肌玉骨清无汗，水殿风来暗香满。""冰肌玉骨"，就是皮肤雪白玉润，骨如玉石通透一般。后来，也有古人好事，着墨了一些具体细节。比如陶宗仪在《辍耕录》中赞曰："意花不足拟其色，似花蕊之翾轻也。"这个"翾"字，是"小飞"之态，可以想象到花蕊夫人如跳芭蕾舞的演员一样轻盈，身材一定很苗条。苏东坡也写了一首《洞仙歌》赞美花蕊夫人："冰肌玉骨，自清凉无汗。水殿风来暗香满。绣帘开、一点明月窥人，人未寝、欹枕钗横鬓乱。起来携素手，庭户无声，时见疏星渡河汉。试问夜如何？夜已三更，金波淡、玉绳低转。但屈指、西风几时来，又不道、流年暗中偷换。"

后宫佳丽唯宠一人，牡丹满城日夜宴请

前蜀亡后，两川节度使孟知祥大练甲兵，并僭称帝号。没过多久，他的儿子孟昶继位。这位孟昶和李煜一样，都遇到了短暂难得的和平时期，度过了一段快乐的日子，"蜀地十年不见烽火，不闻干戈，五谷丰登，斗米三钱。士民采兰赠芬，买笑追欢"。如此繁华太平，孟昶自然不愿辜负好时光，尽情奢靡享乐，尤其最爱美女。只要是漂亮的少女，孟昶都不愿放过，纷纷将她们征召进宫安心享用。作为蜀地娱乐圈的一线明星、歌坛的大美女，花蕊夫人自然也逃不过孟昶的眼睛。很快，偶像级歌星花蕊夫人便被召进孟昶的后宫，受到了后主的极度宠爱，还被尊奉为费贵妃。

花蕊夫人也像玉环一样，受到了皇帝的格外宠幸。"一骑红尘妃子笑，无人知是荔枝来"是唐玄宗李隆基对杨贵妃的万般宠幸；而"洛阳牡丹甲天下，成都牡丹胜洛阳"则是孟昶对花蕊夫人的格外偏爱。当时，由于花蕊夫人最爱牡丹花，于是孟昶就下令官民一同在成都城内大量种植牡丹。牡丹开花后，他又召集群臣，开筵大赏，日日饮宴歌舞，夜夜作赋吟诗。

为迎合花蕊夫人的爱花之心，孟昶还在公元938年下令在成都城大量种植芙蓉。"此花红白相间，一日三变，分外妖娆，深秋芙

蓉盛开，沿城四十里如锦绣"，这就是成都被称为"蓉城"的由来。芙蓉花盛开时，全城的男女老少都出门去欣赏美景，城中绮罗成阵，箫鼓画船，格外热闹。孟昶也趁此带着花蕊夫人等浩浩荡荡出宫踏青，大赏满城秀色，好一派末世即将到来的回光返照。

　　除了赏花之外，孟昶还最喜欢吃花蕊夫人做的薯药。每月初一，花蕊夫人便将薯药切片，莲粉拌匀，加用五味，清香扑鼻，味酥而脆，又洁白如银，望之如月，宫中称为"月一盘"。据史料记载，每值御宴，花蕊夫人就给孟昶做菜，其中没有一道是重复的。赏花，品食，两人还即兴作诗。特别是花蕊夫人的文学才华更是当时一绝。"三月樱桃乍熟时，内人相引看红枝。回头索取黄金弹，绕树藏身打雀儿"，就是花蕊夫人在宫中饮酒时所作。写好了宫词之后，后主孟昶便传谕翰林大学士将《花蕊夫人宫词》刊行天下，还得意地说："今生能得花蕊为妃，我要叫天下人都羡慕我、嫉妒我！"

　　但是，生于忧患，死于安乐。作为有一定文学基础的花蕊夫人是清醒明白的，她多次效法前贤脱簪待罪，然而后主孟昶却笑嘻嘻地对她说："蜀道之难难于上青天，卿尽管放心，一切有孤！"花蕊夫人又建议节省宫中的花费以资军用，没想到却惹来孟昶的怒气："蜀中富甲天下，何用你作此小家小户之行！"

　　看来，这位杨贵妃一样的女子，本想行马皇后的事迹欲做帝王贤内助，却被荒淫之君孟昶给一口回绝了。因此，后蜀的灭亡，又怪得了谁呢？他们一时的欢乐，不正暗暗预示着国破家亡的迅速到来吗？

国破家亡后主暴毙，花蕊夫人再为人妻

正当后蜀孟昶与花蕊夫人沉浸于恩恩爱爱卿卿我我之时，北方的一代雄主赵匡胤已黄袍加身坐上了皇帝的宝座，国号定为宋，也逐渐统一北方。北方安定之后，赵匡胤开始将矛头对准后蜀。

这时的花蕊夫人看到时局的变化，隐隐感觉到再也不能这么安于享乐，她希望孟昶能及时梦醒，不要再沉湎于儿女私情，而要励精图治，振兴后蜀。但这个昏君孟昶自认为"蜀地山川险阻"，赵匡胤再牛也不可能翻山越岭打到他们成都。正如南唐后主李煜一样，他自以为有长江天险，赵匡胤又能奈他若何。

可是孟昶失算了，不久之后，宋太祖赵匡胤就派忠武节度使王全斌率精兵6万向蜀地进攻，并谕令将士："行营所至，毋得焚荡庐舍，驱逐吏民，开发丘坟，剪伐桑拓。"又表明，凡克城寨，不可滥杀俘虏，乱抢财物。当年大雪纷飞，天气异常，本不是打仗的好季节，但赵匡胤依旧执着，他为了鼓励将士，亲自解下紫貂裘帽，遣太监飞骑赶往蜀地赐给带兵打仗的王全斌，且传谕全军说："我被服如此，体尚觉寒，念西征将士，冲犯霜霰，何以堪此？"

赵匡胤这招收买人心的举动确实管用，军士们对此大为感动，人人奋勇杀敌，蜀地14万守成都的士兵竟不战而溃，落荒投降。当时孟昶还没反应过来，他对花蕊夫人说："我父子以丰衣足食养士四十年，一旦遇敌，竟不能东向发一矢！"

无力回天之下，孟昶无奈自缚出城请降。一个堂堂的蜀国，竟然只用了66天就不战自溃，迅速灭亡，这的确令人反思。投降之

花蕊夫人·疑是红颜祸水，原为帝王贤内助

139

后，孟昶和花蕊夫人等 33 人被宋军将士押赴汴梁，当时天空中的杜鹃鸟不停哀嚎："行不得也，哥哥！""行不得也，哥哥！"其悲痛的场景，真令人心碎不堪。

当花蕊夫人被押到北宋首都汴梁（今河南省开封市）时，宋太祖早闻其美貌声名，迅疾召她进宫相见。当花蕊夫人走到皇帝座前，一种香泽扑入太祖鼻中，令他心醉神怡。仔细端详，只觉花蕊夫人千娇百媚，肤白如脂，难以言喻，娇音如莺簧百啭，呖呖可听，当即就把太祖的魂灵唤了过去，弄得他心猿意马，不能自拔，立即将其留在了宫中，通令侍宴。

后主孟昶见此悲伤不过，整日以泪洗面，7 天之后就暴毙身亡。也有说法称，赵匡胤觉得孟昶是个障碍，就把他给毒死了。47 岁的孟昶已死，宋太祖假仁假义辍朝 5 日，素服发表，赠赠布帛千匹，葬费尽由官给，追封其为楚王，把他葬在洛阳，其家属仍留汴京。不过，一个亡国之君又能要求人家怎样呢？许他一个葬礼也算对得起孟昶了。

孤苦无依的花蕊夫人仅仅是一个弱女子，她没有勇气殉葬孟昶，不能像历史中的贞女节妇一样，为了贪生她只能像李煜的小周后那样，被赵匡胤揽进了怀中。赵匡胤经常让花蕊夫人一同饮酒，并让她现场作诗。在这种特殊情况下，花蕊夫人怀着悲痛的心情，即席作宫词近百首，充分显示了其超人的才华。"初离蜀道心将碎，离恨绵绵，春日如年，马上时时闻杜鹃。三千宫女皆花貌，共斗婵娟，髻学朝天，今日谁知是谶言。"这首词虽是花蕊夫人离开蜀地到汴梁途中所作，但后来与赵匡胤饮酒之时吟了出来，随即就深得赵匡胤喜爱，从此更加受宠幸了。

一生只爱后主孟昶，私挂画像烧香祭拜

虽然赵匡胤对花蕊夫人十分欣赏，也比较宠爱她，但是花蕊夫人心中并没有真正爱过赵匡胤。每一次对宋太祖的妩媚一笑，花蕊夫人都是强装出来。每到夜深人静时，花蕊夫人总会坐在窗前，遥望天空的月亮，迎着清冷的风，孤独地思念自己的爱人。为了让孟昶的形象在自己心中永不消失，花蕊夫人还专门画了张像挂在卧室，一个人独处时便烧香祭拜，希望神灵能够保佑夫君顺利进入天堂，保佑他们来世还能相守。

民间相传，有一次，赵匡胤退朝之后，想去看一看心爱的花蕊夫人，便径直走向了花蕊夫人的寝宫。当走进房间，他看到花蕊夫人正站在窗前，对着墙壁上悬着的画像，虔诚地点香礼拜。太祖感到很是吃惊，心中有些纳闷和不解，花蕊夫人叩拜的到底是谁呢？

接着，太祖走上前去，细细端详画像，只见一个人端坐在椅子上，其相貌似曾相识，可又想不出具体是哪位。为了搞清究竟，太祖便只好询问花蕊夫人。

夫人见太祖突然进来，惊慌之下撒谎道："此为俗传张仙像，虔诚供奉可得子嗣。"太祖听了哈哈一笑："爱妃如此虔诚，莫非是为了给朕添一子嗣！值得嘉奖，但张仙虽掌管送生，究竟是个神灵，若供在寝宫，未免亵渎仙灵，反干罪戾。"

花蕊夫人听了太祖的话，连连拜谢，庆幸自己祭拜孟昶的事未被他看穿。是的，花蕊夫人与孟昶有着深厚的感情，他们相处融洽恩爱。自从孟昶被太祖毒死之后，她是生不如死，悲愤万千。在太

花蕊夫人·疑是红颜祸水，原为帝王贤内助

祖的威逼下，出于对生的渴望，她勉承雨露，但心里一直抛不下心爱的孟昶。于是，她悄悄画了孟昶的像，希望借叩首礼拜表达自己的情思。没想到，这差一点被太祖看穿，其中惊险令人胆战后怕。

花蕊夫人礼拜张仙的消息很快在宫中传来，许多嫔妃为了求子，便都到她宫中照样画了一幅，挂在卧室墙壁上，对其恭恭敬敬虔诚供奉起来，希望生个可爱的皇子，给自己带来荣华富贵。不久，张仙送子的故事又从宫中传到了民间，许多百姓妇女为怀儿子，也照着画了一幅张仙，香花顶礼，虔诚祭拜。直到今天，也还有人供奉张仙求子，成为民间一道亮丽的风景。后人咏此事："供灵诡说是神灵，一点痴情总不泯。千古艰难惟一死，伤心岂独息夫人。"

后来，花蕊夫人因为不小心介于宋廷权力的斗争，在立太子的问题上触犯了太祖弟弟赵光义的利益，接着就被其残忍报复。在一次打猎时，赵光义故意一箭将花蕊夫人给射死了。太祖赵匡胤虽然英明，但毕竟光义是自己的亲弟弟，花蕊夫人仅仅是一个嫔妃，孰亲孰疏，他心里有一杆秤，也没有过分追究。北宋中期邵博的《闻见近录》对此进行了作证："若花蕊夫人为我折花，吾则饮酒。随即，光义引弓将其射死。"北宋末年《铁围山丛谈》也有介绍："赵光义调弓矢，引满拟兽，忽回射花蕊，一箭而死。"

不过，史学家蔡东藩在《宋史演义》中则提出了另外一种观点，他称赵匡胤和花蕊夫人缠绵几年后，见其美色渐退，有了审美疲劳，就移情别恋爱上了一个姓宋的美女，"是时宋氏年十七，太祖年已四十有二了。俗话说得好：'痴心女子负心汉。'那花蕊夫人本有立后的希望，自被宋女夺去此席，倒也罢了，谁知太祖的爱情，也移到宋女身上去，长门漏静，谁解寂寥？痛故国之云亡，怅新朝之失宠，因悲成病，徒落得水流花谢，玉殒香消"。大意就是赵匡胤厌烦了花蕊夫人，不再去她寝宫歇息，还爱上了一个"小鲜肉"，受到冷落的花蕊夫人悲愤不过，抑郁病死。

　　诚然，无论花蕊夫人是被射死，还是病死，都不影响她的诗作在民间流传。她的《述国亡诗》、《宫词》等作品就像鲜艳的牡丹花一样香满大地，润泽四方，成为后人品尝的"文学咖啡"。

花蕊夫人·疑是红颜祸水，原为帝王贤内助

历史大咖的另一张脸2

宋

巾帼不让须眉

李清照：两千年出一位的女天才

在中国文学史上，苏轼的文坛地位毋庸置疑为"大宋一哥"，几乎没有人敢对其词作"说三道四"。但是，有一位女词人例外，她就是李清照。"东坡词不协音律，句读不齐之诗"便是李清照对苏轼的负面评价，可见其胆量和魄力。那么，李清照到底是一个怎样的人？何以敢批评大词人苏东坡？她的词作在文学史上又占据怎样的地位？请随笔者一同走近这位中国两千年才出一位的文学女天才！

书香门第家境优，饱读诗书不知愁

在封建社会，女性是没有机会参加科举考试的，也就没有仕途可言，因此大多数家庭都不会让女子读书。像李清照这样还能学习诗词，并精于填写，的确十分难得，凤毛麟角。那么，为什么李清照是一个特例，她又出生在什么样的特殊家庭呢？

据史料记载，李清照的父亲名叫李格非，济南历下人，进士出身，是大文学家苏东坡的学生，官做到了提点刑狱、礼部员外郎。礼部员外郎这个不用说了，相当于教育部的一个司长，正厅级干

147

部，比民国期间担任处长的鲁迅还要大两级。提点刑狱又是什么官呢？大概相当于省监狱管理局副局长或司法厅副厅长之类的官。李格非的官职为李清照创造了一定的物质基础，同时李格非还是一位教育家，担任过太学博士，又十分爱好藏书，更为李清照创造了好的文学环境。这些都只是硬件设施，更令人惊奇的是，李格非自己也是一位大词人，当时被称为"苏门后四学士"之一，现存于山东曲阜孔林思堂之东斋的北墙南起第一方石碣刻，上面就有介绍佐证："提点刑狱、进士，历下李格非，崇宁元年（公元1102年）正月二十八日率褐、过、迥、逅、远、迈，恭拜林冢下。"

除了父亲有文化，李清照的母亲更不一般，是大宋仁宗时期的科举状元王拱宸的孙女，很有文学修养。这个王拱辰还担任过翰林学士、吏部尚书。翰林学士就不说了，许多读者都知道，吏部尚书更是掌管人事的部长，属于典型的实权派。因此，生在这样的家庭，其文化功底自然不一般了。《宋史》记载："王氏，亦善文。"由此可以看出李清照的母亲王氏很懂诗书，也是当时有名的文学家。

李清照出生在这样有着浓厚文学氛围的家庭里，自然是"近水楼台先得月"，在文学上得到了不少的指点。再加上她聪慧颖悟，有着极高的天赋，其文学才华很早便显现出来。王灼《碧鸡漫志》就记载，"自少年便有诗名，才力华赡，逼近前辈"，受到当时的文坛名家、苏轼的大弟子晁补之的大力称赞。而朱弁《风月堂诗话》卷上也赞扬李清照"善属文，于诗尤工，晁无咎多对士大夫称之"。《说郛》第四十六卷引《瑞桂堂暇录》称她"才高学博，近代鲜伦"。朱彧《萍洲可谈》别本卷中褒奖她的"诗文典赡，无愧于古之作者"。

李清照并没有辜负时人的称赞，她在不到 20 岁时就写出了后世广为传诵的著名词章《如梦令》："昨夜雨疏风骤，浓睡不消残酒。试问卷帘人，却道海棠依旧。知否，知否？应是绿肥红瘦。"此词一问世，便轰动了整个京师，"当时文士莫不击节称赏，未有能道之者"（《尧山堂外纪》卷五十四）。

这都不算什么，李清照又因为读了著名的《读中兴颂碑》诗后，当即写出了令人拍案叫绝的和诗《浯溪中兴颂诗和张文潜》两首。

其一

五十年功如电扫，华清花柳咸阳草。

五坊供奉斗鸡儿，酒肉堆中不知老。

胡兵忽自天上来，逆胡亦是奸雄才。

勤政楼前走胡马，珠翠踏尽香尘埃。

何为出战辄披靡，传置荔枝多马死。

尧功舜德本如天，安用区区纪文字。

著碑铭德真陋哉，乃令神鬼磨山崖。

子仪光弼不自猜，天心悔祸人心开。

夏商有鉴当深戒，简策汗青今具在。

君不见当时张说最多机，虽生已被姚崇卖。

其二

君不见惊人废兴传天宝，中兴碑上今生草。

不知负国有奸雄，但说成功尊国老。

谁令妃子天上来，虢秦韩国皆天才。

花桑羯鼓玉方响，春风不敢生尘埃。

姓名谁复知安史，健儿猛将安眠死。

去天尺五抱瓷峰，峰头凿出开元字。

时移势去真可哀，奸人心丑深如崖。

西蜀万里尚能反，南内一闭何时开。

可怜孝德如天大，反使将军称好在。

呜呼，奴辈乃不能道辅国用事张后专，乃能念春荠长安作斤卖。

看了此诗后，你们还觉得这是一个女子的水准么？该诗笔势纵横地评议兴废，总结了唐代安史之乱前后兴败盛衰的历史教训，借嘲讽唐明皇，告诫宋朝统治者"夏商有鉴当深戒，简策汗青今具在"。一个年少的女孩，居然对国家社稷能表达出如此深刻的关注和忧虑，对黎民百姓能有如此的同情，不能不令世人刮目。宋代学者周辉的笔记《清波杂志》就认为这两首和诗"以妇人而厕众作，非深有思致者能之乎？"明代学者陈宏绪的《寒夜录》评此两诗："奇气横溢，尝鼎一脔，已知为驼峰、麟脯矣。"

通过以上几篇作品，李清照的声名在大宋彻底打响，这有点迎合了民国才女张爱玲所称的那样："出名要趁早！"李清照的时代也随之到来了。

靓女才子两相悦，前世有缘后世缺

男大当婚，女大当嫁。18 岁的李清照迎来了她的爱情。这个男人不是别人，就是 21 岁的太学生赵明诚。他们两人一见钟情，很快便在汴京（今河南省开封市）成婚。据李清照在《金石录后序》中说："余建中辛巳，始归赵氏。"当时李清照之父李格非作礼部员外郎（教育部的司长），赵明诚之父赵廷之作吏部侍郎（人事部副部长），均是朝廷的大官，可谓是门当户对。李格非和赵廷之两人是老乡，都是山东人，但是赵廷之是改革派，得罪了不少人，就连苏东坡都对赵廷之不太感冒，还给了他一个评语："聚敛小人，学行无取，岂堪此选。"大意就是这个贪污腐败的小人，怎能担当大任呢？不过，这都是后话了。总之，李清照嫁到了一个官宦家庭，其生活也是不错的。更为可贵的是，她非常喜欢自己的丈夫赵明诚，两人感情生活十分甜蜜。

那么，赵明诚是如何吸引李清照的呢，又是如何让李清照这样的大才女以身相许呢？原因很简单，因为赵明诚虽然出生在官宦家庭，但一点没有"官二代"的臭架子。另外，赵明诚是最高学府太学的高材生（相当于北京大学或清华大学的"学霸"），不仅能写诗词，还爱收藏金石文物。这些爱好和才能，让李清照都相当看重，是一个作为老公的绩优股。两人欢欢喜喜进入了婚姻殿堂，婚后经常一起讨论文学。另外，他们还通过亲友故旧，想方设法把朝廷馆阁收藏的罕见珍本秘籍借来"尽力传写，浸觉有味，不能自已"。遇有名人书画，三代奇器，更不惜"脱衣市易"。

后来，赵明诚从太学毕业后就进入仕途，当了一个小官。可惜好景不长，朝廷内部激烈的新旧党争把李家卷了进去。宋徽宗崇宁元年（公元1102年）七月，李格非被列入元祐党籍，被罢提点京东路刑狱之职，还株连到李清照身上。崇宁二年（公元1103年）九月庚寅诏禁元祐党人子弟居京；辛巳，诏："宗室不得与元祐奸党子孙为婚姻。"（《宋史》卷十九《徽宗本纪》）崇宁三年（公元1104年），"夏，四月，甲辰朔，尚书省勘会党人子弟，不问有官无官，并令在外居住，不得擅自到阙下"（《续资治通鉴》卷八十八）。这时，因为政治的原因，李清照与赵明诚不得不忍痛分别，偌大的汴京已没了李清照的立锥之地。无奈之下，李清照孤独一人回到了自己的故乡，去投奔曾经被他们遣归的家人。

世事翻覆莫测，谁也没有想到，后来发生的事更是令人猜不透。崇宁四年（公元 1105 年），李清照的公公赵廷之因为与蔡京争权，举报其奸恶，便请辞避祸。没想到这次起到了效果，崇宁五年（公元 1106 年）二月，蔡京便被皇帝罢相，赵廷之重新当了尚书右仆射兼中书侍郎，成为国家宰相。与此同时，朝廷大赦天下，解除一切党人之禁，李格非等"并令吏部与监庙差遣"（《续资治通鉴拾补》卷二十六），李清照也得以返归汴京与赵明诚团聚。可是没过多久，蔡京又官复原职，再次成为宰相，无情的政治灾难降临到赵氏一家头上。三月，赵廷之被罢右仆射，没过几天就一命呜呼。死了三天，蔡京又诬陷赵廷之，赵的家属、亲戚均在京城被捕入狱。随后，赵廷之赠官被追夺，其子的荫封之官亦因此丢失，这时的赵家已经衰败，再也无法在汴京待下去了。李清照看到这情况，便劝解丈夫回到了在青州的私第，开始了屏居乡里的生活。

回到青州时，李清照刚好 25 岁，她给自己取了一个号为"易安居士"。当时，曾对李清照极为称赏的文学家晁补之，也因为党派之争被罢官归隐到故乡缗城（今山东省金乡县），自号"归来子"。晁补之修了"归去来园"，园中的堂、亭、轩皆以《归去来兮辞》中之词语命名。李清照、赵明诚因为对晁补之十分仰慕，步其后而模仿，也以"归来堂"名其书房。"归来堂"中，李清照与赵明诚虽远离了风云变幻的京城生活，但是在乡村找到了久违的乐趣。他们开始静下心来进行文学创作。而赵明诚更是将主要精力用在了搜求金石古籍上面，在《金石录后序》中，李清照作了详尽叙述："后屏居乡里十年，仰取俯拾，衣食有余。连守两郡，竭其俸入，以事铅椠。每获一书，即同共勘校，整集签题。得书、画、彝、鼎，亦摩玩舒卷，指摘疵病，夜尽一烛为率。故能纸札精致，字画完整，冠诸收书家。"这两人的生活也够潇洒的了，不亚于陶渊明和孟浩然的田园生活吧。

政和七年（公元 1117 年），在李清照的帮助下，赵明诚完成了《金石录》的写作。除自作序言外，他们还特请当时著名学者刘跂题写了一篇《后序》。相关史料称，赵明诚撰《金石录》，李清照"亦笔削其间"（张端义《贵耳集》卷上）。宋徽宗宣和三年（公元 1121 年）八月，清照才由青州赴莱州。途经昌乐，宿于驿馆，李清照作《蝶恋花·晚止昌乐馆寄姊妹》："泪湿罗衣脂粉满，四叠阳关，唱到千千遍。人道山长山又断，萧萧微雨闻孤馆。惜别伤离方寸乱，忘了临行，酒盏深和浅。好把音书凭过雁，东莱不似蓬莱远。"表达对青州姊妹的惜别之情。

当年八月十日，李清照到达莱州，又作《感怀》诗一首。诗前有小序云："宣和辛丑八月十日到莱，独坐一室，平生所见，皆不在目前。几上有礼韵，因信手开之，约以所开为韵作诗。偶得'子'字，因以为韵，作感怀诗云。"

李清照·两千年出一位的女天才

婚姻生活不长久，人到四十悲且愁

然而，这样的幸福日子毕竟没能长久，宣和七年（公元 1125年），李清照已经 42 岁，丈夫赵明诚改守淄州，她跟随居住在了淄州。

宋高宗建炎元年（公元 1127 年），李清照 44 岁，南宋开始。是年三月赵明诚因母亲死于江宁（今江苏省南京市），南下奔丧。北方局势愈来愈紧张，李清照着手整理遴选收藏准备南下："既长物不能尽载，乃先去书之重大印本者，又去画之多幅者，又去古器之无款识者。后又去书之监本者，画之平常者，器之重大者。凡屡减去，尚载书十五车，至东海，连舻渡淮，又渡江，至建康。"（《金石录后序》）十二月，青州兵变，杀郡守曾孝序，青州剩余书册被焚。李清照在《金石录后序》中曾这样记载此事："青州故第，尚锁书册用屋十余间，期明年再具舟载之。十二月，金人陷青州。"此处文字当因在传抄中或夺或衍而臻误。史实应为"青州兵变"。

当李清照押运 15 车书籍器物行至镇江时，正遇张遇攻陷镇江府，镇江守臣钱伯言弃城而去（《续资治通鉴》卷一〇一），而李清照却以其大智大勇在兵荒马乱中将这批稀世之宝，于建炎二年（公元 1128 年）春押抵江宁府。

建炎三年（公元 1129 年）二月，赵明诚被免去江宁官职，三月与李清照"具舟上芜湖，入姑孰，将卜居赣水上"（《金石录后序》）。舟过乌江楚霸王自刎处，李清照触景生情，有感而作《夏日绝句》以吊项羽："生当作人杰，死亦为鬼雄。至今思项羽，不肯过江东。"这首诗也被后人极为推崇，项羽的英雄形象和遗憾，被李清照写得极令人同情和惋惜。

当年五月，他们走到池阳（今安徽省贵池市），这时皇帝下诏赵明诚去湖州当一把手。可惜不幸的是，八月十八日，他却因病卒于建康（今江苏省南京市）。

看到自己的老公去世，李清照悲痛万分，无法自拔。她特地写文祭之："白日正中，叹庞翁之机捷；坚城自堕，怜杞妇之悲深。"随后，李清照将丈夫厚葬，由于悲伤过度而大病一场。当时国势日急，为保存赵明诚所收藏的文物书籍，李清照派人运送行李去投奔赵明诚在洪州当官的弟弟。哪里知道，当年11月，北方的金人攻陷了洪州，所谓"连舻渡江之书散为云烟"。

见到这种情景，走到半路的李清照，无奈丢掉了一部分书籍轻身仓皇南逃，在颠沛流离中，她的书文又几乎散失殆尽，其心情是悲痛绝望的。

国破家亡又改嫁，流亡孤苦后半生

绍兴二年（公元1132年），李清照颠沛流亡到了杭州。夫君的去世，文物书籍的散失，国家的破败，都给她带来了无尽的折磨。走投无路的她甚至想到了自杀，这时一个男人进入了她的生活。他是谁呢？就是张汝舟。

遇到张汝舟时，李清照49岁了，离她前夫赵明诚去世已有3年之久。其实，这个张汝舟爱的可能并不是李清照本人，毕竟这时才女李清照奔50岁的人，虽算不上人老珠黄，但至少也是形容憔悴的中年妇女，没什么吸引力。通过作弊考上进士的张汝舟，在朝廷任了官职，她与李清照的接触，可能更多的是想打金石文物的主意。但是，哪里知道这些东西李清照视若生命，怎么会拱手相让呢。婚后，张汝舟见无法控制李清照，又不能搞到《金石录》，便对其心生怨恨，时有暴打李清照的举动。

一代才女这时遭遇了家暴，被张汝舟折磨得不成样子。张汝舟的野蛮行径，使大才女李清照难以容忍。绝望悲痛之下，李清照进行了反击。她知道张汝舟当年科考营私舞弊，并虚报考试次数骗取了官职的罪行（宋代规定举子考试到一定次数、取得一定资格后可以授官），便立即报官告发了张汝舟，同时提出离婚要求。

李清照的举报很快得到了监察部门的重视，相关干部立即对张汝舟进行了调查。通过调查核实，李清照举报的内容属实，于是张汝舟便被除名编管柳州。随之，李清照与张汝舟成功离婚。但是，宋代法律规定，妻告夫要判处 3 年徒刑，李清照也进入了监狱服刑。吉人自有天相，李清照才刚被关进监狱，就被翰林学士綦崇礼等亲友大力营救，关押 9 日之后她也便获释了。

这次再婚经历让李清照心力交瘁，但她生活的意志并未消沉，反而这些痛苦更促进了她诗词创作的热情。她将个人的痛苦与国家的兴亡联系起来，写出了许多具有极高水准的文学作品。譬如《上枢密韩公、工部尚书胡公》这首诗，笔者就特别喜欢，不妨与读者一同分享，全文如下：

三年复六月，天子视朝久。

凝旒望南云，垂衣思北狩。

如闻帝若曰，岳牧与群后。

贤宁无半千，运已遇阳九。

勿勒燕然铭，勿种金城柳。

岂无纯孝臣，识此霜露悲。

何必羹舍肉，便可车载脂。

土地非所惜，玉帛如尘泥。

谁当可将命，币厚辞益卑。

四岳佥曰俞，臣下帝所知。

中朝第一人，春官有昌黎。

身为百夫特，行足万人师。

嘉祐与建中，为政有皋夔。

匈奴畏王商，吐蕃尊子仪。

夷狄已破胆，将命公所宜。

公拜手稽首，受命白玉墀。

曰臣敢辞难，此亦何等时。

家人安足谋，妻子不必辞。

愿奉天地灵，愿奉宗庙威。

径持紫泥诏，直入黄龙城。

单于定稽颡，侍子当来迎。

仁君方恃信，狂生休请缨。

或取犬马血，与结天日盟。

胡公清德人所难，谋同德协心志安。

脱衣已被汉恩暖，离歌不道易水寒。

皇天久阴后土湿，雨势未回风势急。

车声辚辚马萧萧，壮士懦夫俱感泣。

闾阎嫠妇亦何如，沥血投书干记室。

夷虏从来性虎狼，不虞预备庸何伤。

衷甲昔时闻楚幕，乘城前日记平凉。

葵丘践土非荒城，勿轻谈士弃儒生。

露布词成马犹倚，崤函关出鸡未鸣。

巧匠何曾弃樗栎，刍荛之言或有益。

不乞隋珠与和璧，只乞乡关新信息。

灵光虽在应萧萧，草中翁仲今何若。

遗氓岂尚种桑麻，残虏如闻保城郭。

嫠家父祖生齐鲁，位下名高人比数。

当时稷下纵谈时，犹记人挥汗成雨。

子孙南渡今几年，飘流遂与流人伍。

欲将血泪寄山河，去洒东山一抔土。

该诗格调深远，情思深沉，特别是诗句中充满了关切故国的情怀。这段时间，李清照化悲痛为力量，努力潜心写作，终于在绍兴四年（公元1134年）完成了《金石录后序》的写作，还作了《打马赋》、《武陵春》、《题八咏楼》等，其中著名诗句"江山留与后人愁"，堪称千古绝唱。

是的，李煜因为国破家亡之后，还写出了催人泪下的《虞美人》、《浪淘沙》等作品。而李清照经历了国破家亡之后，也同样写出了脍炙人口的优秀词作。

绍兴二十五年（公元1155年）左右，李清照怀着对死去亲人的绵绵思念和对故土难归的无限失望，在极度孤苦、凄凉中悄然辞世，享年72岁，不过她的文学作品却永远闪耀着傲人的光辉，得到了后人的极高评价。明代杨慎的《词品》卷二赞曰："宋人中填词，李易安亦称冠绝。使在衣冠，当与秦七、黄九争雄，不独雄于闺阁也。"当代著名哲学史研究专家容肇祖《中国文学史大纲》赞曰："李清照是中国文学史上一个最有天才的女子，她的词在当日很受人崇敬，如辛弃疾有时自称'效李易安体'，可见她的影响。"

梁红玉：谁说妓女不能当将军

在中国古代历史上，女性当将军的例子本来就很少，如代父从军的花木兰，如大宋杨家的媳妇穆桂英，等等，但是像两宋之交的梁红玉那样，从一个妓女变身为将军的却只能是唯一。那么，梁红玉到底是怎样实现人生飞跃的呢？其中又遭遇了什么曲折？请随笔者一同去纵览相关历史，追寻梁红玉的人生轨迹。

出身卑贱无奈为娼

提到梁红玉，我们就得谈到娼妓。在中国古代历史上，娼妓是合法的，大致分为官娼和私娼。官娼就是政府公办的妓院，也就是说是由国家统一管理，有编制，专门为政府官员和军人服务的官办"三陪"女郎。"蜀中四大才女"之一的薛涛不正是官办的营妓吗？后来她与大诗人元稹有了一段扯不清的情缘，从此占据了言情文学的头条。

话不多说，我们继续谈一谈梁红玉。她的原籍在池州，在今天安徽省境内。祖父与父亲都是当兵的出身，梁红玉自幼跟着他们练就了一身真功夫。小时候，梁红玉和家人一起编织蒲包卖钱度日，生活十分艰辛和困苦。后来，他的父亲和祖父都相继去当兵打仗，家里就留下梁红玉和母亲艰难生活。在宋徽宗宣和二年（公元1120年），睦州居民方腊啸聚山民起义，很快就发展到了几十万人，起义队伍连陷州郡，政府几次征讨都宣告失败。梁红玉的祖父和父亲运气不好，在平定方腊之乱中贻误战机，不幸战败获罪被杀，从此梁红玉家里失去了生活的顶梁柱，断了收入来源，日子也更为困顿了。后来，她家的日子实在过不下去，无奈之下，梁红玉沦落为京口的营妓。当时的营妓即由各州县政府管理的官妓。由于梁红玉精通翰墨，又生有神力，能挽强弓，每发必中，对平常少年子弟多白眼相看，毫无娼家气息，她的特殊风格在营妓圈中小有了名气。许多达官贵人对这位有个性的营妓很是感兴趣，便常常高价买她过夜。不知道做"营妓"的梁红玉，是否在此时卖身，历史上有过一些争议。但笔者认为，既然生在风月场所，还能保持一份洁净的女人实在太少，因此梁红玉她应该是卖过身的。对笔者观点算得上佐证的有以下两种史料。比如南宋学者罗大经所著《鹤林玉露》一书记载："韩蕲王之夫人，京口娼也。"韩蕲王即韩世忠，京口娼也，即是卖了身了。清乾隆年间的《山阳县志》也记载，"梁流落为京口娼家女"，就明确提出梁红玉为娼家女了。

另外，有学者对梁红玉的出身和是否为娼提出了不同观点。他们认为，梁红玉本是江苏人，不然当前江苏境内怎么还会有纪念梁红玉的祠堂呢。另外元人脱脱等编修的《宋史》，在记述梁红玉事迹时，对她的籍贯和妓女出身并没提到，因此他们认为梁红玉不一定生在安徽，也不一定沦为娼妓。但是，这样的说法并不严谨，没有提到，并不能表明不是。因此，笔者最终还是认定梁红玉是做过娼妓的。

风尘女子爱上将军

和薛涛一样，身为营妓的梁红玉也遇到了自己的贵人，这个人就是南宋"武功第一"的韩世忠。韩世忠是陕西省绥德县人，虎背熊腰，颇有胆量，忠厚耿介，乐于助人，有点类似于《水浒传》中的"及时雨"宋江，是一个正直而勇敢的英雄人物。当童贯平定方腊之后，注意，平定方腊的可不是宋江一伙"土匪"，而是被称为大奸臣的童贯。施耐庵为了大力赞美农民起义，才将平定方腊的功劳硬生生地从童贯手中抢去了。这些都是闲话，我们再回到主题。

童贯打了胜仗，浩浩荡荡班师回朝，在行到京口处时，他们就停下来准备好好享乐一番，于是召来了娱乐圈中有名的营妓跳舞陪酒，彻夜狂欢。当时的头牌梁红玉就与诸妓一同到了军营入侍。在宴席上，梁红玉的命运由此而改变，因为她遇到了人生中的贵人，这个人就是韩世忠，那时他仅仅是一个营长级别的小官，但后来成了大宋"武功第一"的爱国将军。

宴会上，韩世忠并不是最抢眼的"兵哥哥"。但是，他的忧郁和孤傲，感染了多情美丽的梁红玉。当众多将领都举着酒杯，搂着明星娼妓，划拳说荤笑话之时，韩世忠却独自闷闷不乐，眼神中有着一丝忧伤。他的与众不同引起了梁红玉的注意。于是，梁红玉轻轻地走了过去，举起一杯酒，温柔地说道："韩将军，有何不高兴呢？"

韩世忠抬起头，看到梁红玉飒爽英姿、不落俗媚的神气，心里不禁一震，这个美丽的女子身上有着一种难以言说的气质。于是，两人坐了下来，互通殷勤，彼此怜惜，英雄美人自此擦出了爱情的火花，不久便成眷属，坠入爱河。

从此，梁红玉嫁给了韩世忠，并随着他南征北战，加入到了抗击金兵的行列中，一位女将军也随之诞生了。

平叛有功助夫升职

很快，梁红玉就在一次平叛中显示出了自己的爱国节操，宁愿牺牲小家，也要为国献身出力，她也因为此次立功，帮助丈夫韩世忠成功升职。

公元 1129 年，金军在粘罕的带领下由彭城（今江苏省徐州市）入泗州（今安徽省泗县），直抵楚州（今江苏省淮安市）。宋高宗仓皇往浙江一带逃跑，此等外忧引起了严重的内患。当时的扈从统制（禁卫军司令）苗傅和另一大臣刘正彦发动兵变，强逼宋高宗退位，禅位给他年方 3 岁的儿子，并让孟太后出来垂帘听政，准备改年号为"明受元年"。为了使此次政变成功，叛军一伙袭杀了执掌枢密的王渊，还分头捕杀了高宗的亲信。事变发生后，宋高宗的行动受到了限制，失去了自由，宰相朱胜非与隆祐太后又密商，扣押了将军韩世忠的儿子以及夫人梁红玉。接着，他们准备派梁红玉出城，驰往秀州，催促韩世忠火速进兵杭州勤王，并由太后封梁红玉为安国夫人，封韩世忠为御营平寇左将军。

安排妥当后，宰相朱胜非就对禁军卫司令苗傅说："韩世忠如果听到我们这边的消息，还不立即过来，就证明他一定在犹豫。但是，我们若派他的妻子梁红玉去迎接，就不怕韩世忠不来了。只要韩世忠投奔过来，那么力量就会大增。到时，此次行动就成功一大半了，至于其他人就没什么可担心的了。"苗傅听宰相这么一说，觉得很有道理，心中大喜，认为是一条妙计，便立即派梁红玉出城。梁红玉假意应允，暗地里却回家抱了儿子，跨上马背疾驰而去，不到一昼夜就赶到了秀州（今浙江省嘉兴市）。接着，梁红玉将苗傅叛变的信息告诉了韩世忠，并劝说丈夫一定要以大局为重，不要做历史的罪人。于是，韩世忠在妻子的建议下，决定同张俊等一同带兵去平定叛乱。通过艰难的英勇战斗，他的部队终于打败了苗傅等人率领的叛军，成功解救了处在控制之中的宋高宗，解除了一场政治危机。

平叛取得了辉煌的胜利，宋高宗喜出望外，亲自来到宫门口迎接韩世忠夫妇，并立即授予韩世忠武胜军节度使，不久又拜为江浙制置使。同时，高宗还盛赞梁红玉"智略之优，无愧前史，给内中俸以示报正"。给功臣之妻俸禄，这在前朝从未有过，梁红玉为当时第一人。

梁红玉·谁说妓女不能当将军

金山一役显露才华

帮助丈夫韩世忠平叛成功，梁红玉体现出了自己的爱国情操。后来的金山一战，更是显露出了她卓越的军事才华。

公元 1129 年 10 月，金军在金兀术的率领下，长驱直入攻进江浙。宋高宗在遭遇了第一次叛乱的惊吓后，胆量已大不如从前，竟然自己灰溜溜逃跑了，早失去了作为一国之君的胆魄和勇气。高宗先从杭州逃到明州（今浙江省宁波市），再从明州逃到了海上。幸亏金军没有一意只追高宗，只是想多抢劫点财物，又加上他们海军实力不行，才让高宗保住了小命。

虽然高宗选择逃跑，但是老百姓坚持英勇斗争。为了反击金军，江南各地爆发了汉人组织的民间游击。金兀术不想"淹没在人民战争的汪洋大海里"，在大肆掳掠之后便决定暂时北返。这时，韩世忠正担任浙西制置使（相当于浙西战区司令）。在听说金军将要北撤的消息后，韩世忠觉得这是一个大好时机，便立即率领水军8000人前去截击。此时，韩世忠完全背离了兵法的套路，俗话说"穷寇莫追"，更别说"归师勿遏"。韩世忠这是去阻截金朝归乡的军队，很容易激发人家超常的战斗力。但是，韩世忠依旧坚持截击，并向金军统帅金兀术下了战书。双方在约定的日子，在长江上展开了一场激烈的战斗。韩世忠的妻子梁红玉特别勇敢，身先士卒，登上十几丈高的楼橹，冒着流矢，在金山之巅的妙高台"亲执枹鼓"指挥作战。这一战打得金军溃不成军。

金军遭到了重挫，大出金兀术的预料。无奈之下，金兀术采取和平手段，派遣使者与韩世忠谈判，希望宋军放他们一条生路，并愿意归还所有在江南掠夺的财物，另外还要送韩世忠名马作为谢礼。韩世忠没有见好就收，一口回绝了金兀术的请求。

于是，双方继续在长江上激战。金军不熟悉地理，被宋军逼入黄天荡死港。此时本是消灭金军的最好时机，但韩世忠和梁红玉的兵力实在太少，又没有陆军配合，金兀术趁机凿通湮塞已久的老鹳河故道30里，终于成功撤向了建康（今江苏省南京市）。

之后，韩世忠又继续紧追金军，并与之发生了几次激战。宋军大将孙世询、严允还在激战中牺牲。金军费了九牛二虎之力才最终突围而去。此次拦截，韩世忠虽然没有全歼金军，但是在战略意义上，他以绝对弱势兵力阻击金兵达 48 日，而金兵北去后不敢南顾，已达到了击退金兵的目标。

金军败北后，梁红玉做出了惊人的举动，她不但不居功请赏，反而因金兵突破江防，上疏弹劾丈夫韩世忠"失机纵敌"，请朝廷"加罪"。这一义举使举国上下人人感佩，传为美谈。朝廷也专门为此再次加封梁红玉为"杨国夫人"。

英年早逝举国悲痛

绍兴五年（公元 1136 年），韩世忠被任命为武宁安化军节度使（相当于武宁安化军分区司令），驻扎在楚州（今江苏省淮安市）。妻子梁红玉则继续跟随丈夫韩世忠率领将士以淮水为界，旧城之外又筑新城，以有效地抗击金兵。

经历不断的战乱，当时的楚州城已经破败不堪，荆棘遍野，人民居无定所，军队士兵也是缺少粮食，很难吃上一顿饱饭。无奈之下，为了保证军队正常运转，作为将军的梁红玉便亲自用芦苇"织蒲为屋"。同时，她还带领士兵去寻找野菜充饥，当在文通塔下的勺湖岸畔发现马吃的蒲茎后，梁红玉亲自尝食，确定没有任何问题，她就发动军民采蒲茎充饥，以解决粮食不足的困难。现在，不少淮人喜欢食用"蒲儿菜"，相传就是因为当年梁红玉率军士"采蒲茎充饥"而来。因此，当地的人们也将蒲儿菜称作"抗金菜"。

虽然条件艰苦，但是韩世忠、梁红玉并不搞特殊，他们与士卒同劳役，共甘苦，士卒都乐于为大宋效命。经过苦心经营，楚州城终于恢复了生机，又成了一方重镇。在楚州，韩世忠与梁红玉一共驻守了十多年，受到了百姓的爱戴，当地经济也得到了长足发展，特别是"兵仅三万，而金人不敢犯"，更是给老百姓创造了安定的生活环境。

后来，大奸臣秦桧当权，便力主议和。大宋和金国终于签订了绍兴和议，虽然是一个耻辱的协议，但从客观上讲，的确为老百姓创造了一段时间的和平环境。

和议签订后，宋高宗开始加固皇权，并立刻着手削夺大将们的兵权，以维护自己的绝对统治。大将军韩世忠首当其冲，虽然官职越做越大（后被封为咸安郡王），但兵权却越来越小。韩世忠明白宋高宗是在走太祖的老路，要搞"杯酒释兵权"了，为了逃避皇帝的迫害，他干脆主动交出了军权，闭门谢客，整天饮酒作乐，做了一个闲玩的虚职将军。而梁红玉则将全部精力放在了教育儿子身上，请了名师在家里教学，她的儿子韩彦直也很争气，后来居然也成了一代名臣。

至于梁红玉的去世，史料对其进行了详细记载。据大宋学者李心传撰《建炎以来系年要录》记载："淮东宣抚使韩世忠妻秦国夫人梁氏卒，诏赐银帛五百匹两。"翻译成现代文就是，韩世忠的妻子秦国夫人梁红玉去世后，被皇帝赐予了银五百两、帛五百匹。《淮阴市志》也记载，梁红玉和韩世忠镇守楚州十余年，后来因岳飞蒙受莫须有之冤，遂辞去军职归隐苏州。并且说梁红玉卒于1153年，比韩世忠还晚两年。

梁红玉死去后，举国悲痛，特别是楚州的老百姓更是万分伤感，他们纷纷烧纸祭拜纪念这位传奇的女将军。虽然，这位女英雄曾经做过妓女，却没有一人再次提起她不堪的过去。就连宋高宗赵构也称赞梁红玉："智略之优，无愧前史。"

女中豪杰永垂后世

梁红玉的去世，对于宋朝人民是悲伤的，她不仅得到了时人的怀念，也受到了后世的尊崇。宋孝宗主政时，就下令竖碑建祠以纪念梁红玉。各位如果还想去看看遗迹，不妨去江苏省苏州市沧浪区枣市街小学即原蕲王祠，供韩、梁两尊塑像，壁上有"春祭韩王诞正月二十日，秋祭梁夫人诞九月初六日"之字。

梁红玉家乡（今安徽省）的父老乡亲也没有忘记这位女将军，为了纪念这位流芳千古的女中豪杰，他们在其出生地建祠塑像。梁红玉祠原祠附设在安徽省淮安县境内的北辰坊火神庙内，明清时多次进行修建。1959 年，淮安县人民政府在原址重新建祠，"文化大革命"中被拆除，1982 年又重新建祠。新建的梁红玉祠东西长19.56 米，南北宽 30.53 米，占地面积 597.17 平方米，庭院四面有围墙，大门朝南，门头上为我国已故著名女书法家萧娴所书"梁红玉祠"四个大字。庭院中遍植松柏花木。在庭院北侧为京殿 3 间，东西长 10.5 米，南北宽 7 米，建筑面积 73.5 平方米，整个建筑仿明代建筑，古色古香。殿中神台上置有高 1.7 米的梁红玉戎装佩剑塑像。塑像两侧为当代书法家杨修品所书"也是红妆翠袖，然而青史丹心"的对联。

除了建立祠堂纪念之外，许多文学作品也对梁红玉进行了书写和盛赞。《杨国夫人传》中就这样评价梁红玉："若杨国者，女中丈夫也。靖康、建炎之际，天下安危之机也。天赐忠武，杨国是天以资宋之兴复也。然功败垂成，惜哉！"

《英烈夫人祠记》也对其做出了更高的评价："娟优异数也。以卑贱待罪之躯，而得慧眼识人之明。更纵横天下，争锋江淮，收豪杰，揽英雄，内平叛逆，外御强仇，挽狂澜于既倒，扶大厦于将倾，古今女子，唯此一人也。惜乎天不假年，死于非命。然青史斑斑，名节永垂。"大意就是：梁红玉虽然当过娟妓，但是她是奇女子也。虽然是卑贱的身躯，却有高超的智慧，在认识了大英雄韩世忠后，就纵横天下，争锋江淮，收豪杰，揽英雄，在平叛中功勋卓著，在抗金战争中力挽狂澜，为大宋立下了汗马功劳，不愧为古今奇女子，天下仅此一人也。只可惜，上天却不保佑她，让其不幸早逝。但是这并不影响她的青史有名，永垂后世。

元

巾帼不让须眉

四大才女：元帝一武夫，文人很悲伤

对于元朝这个朝代，我向来是不喜欢的。一是元朝帝王的穷兵黩武。元帝在整个统治阶段都乐于发动战争，从亚洲打到欧洲，从北方打到南方，战火席卷了全中国，人民饱受战乱之苦，生活在水深火热之中。二是这样的生活状态，以及元朝对汉族知识分子的贬抑使得国人的精神生活被压抑。文人没有自由，更谈不上优质的生活，文化也就不像唐宋那样繁荣。但是，元朝依旧涌现出一些传奇女子，有的以姐妹组合的形式笑傲文坛。于是，笔者仔细翻阅了资料，选取了 5 位比较典型的女才子，集中于一篇文章中，她们分别是曹妙清、孙淑、郑允端以及薛兰英两姐妹。

曹妙清：诗名远播杭州城

提到这个曹妙清，历史上关于她的记载很少，几乎无法找到详细的记录。她到底出生于哪一年，死于哪一年，也一直是一个谜。唯一可以肯定的是，她字比玉，自号雪斋，出生于钱塘（今浙江省杭州市）南山苏堤第一桥旁。曹妙清不是什么"富家女"，也不是什么"官二代"，而是一个普普通通的名媛，也就是营妓，混娱乐圈的，这和梁红玉、薛涛、薛兰英、薛慧英等相似。身处娱乐场所，就得懂得吹拉弹唱，古代对妓女要求比较高。每逢月明星稀之夜，曹妙清常常吹箫或鼓琴自娱，以抒愁情。另外，曹妙清还会写书法，她的书法在当时很有名气，其行、草皆有法度，造诣颇深。

虽然人在娱乐圈，但曹妙清很注重品德修养，对自己的母亲很孝顺，从风月场所挣回的钱，她都如数交给母亲保管。到了30岁，她也不愿意嫁出去。笔者认为，曹妙清之所以嫁不出去，可能是因为营妓的身份。虽然没有新郎，但曹妙清当时不缺红颜知己，比如元朝著名的作家杨维桢就与她关系很好，两人常常饮酒对诗，以文会友。

其实，在年轻时曹妙清有过美好的爱情生活，但后来她的情人可能嫌弃她的营妓身份，悄悄离她而去，从此杳无音信。最后，曹妙清受了刺激，便决定孤守闺阁，至死未嫁，十分寂寞。这有点类似于当前许多娱乐圈的大龄女星，因为其特殊的身份，许多涵养之士，不愿意吃她这碗菜，便导致迟迟嫁不出去，到最后竟然孤老一生，有的还出家当了尼姑。

不过，虽然没有经历婚姻，爱情不够完美，但曹妙清拥有了不朽的文学，她的诗词作品流传到了后世，受到文人雅士的交相称赞。大作家杨维桢就对她的诗才十分推崇，将其比拟为唐代女诗人薛涛，赞其曰："红牙管带紫狸毫，雪水初融玉带袍。写得薛涛萱草贴，西湖纸价顿能高。"

曹妙清孤苦一生，辛辛苦苦写成了《弦歌集》，好友杨维桢为她作序，但后来这本诗集不幸遗失，未能传于后世。现在，我们能找到关于曹妙清的诗歌并不多，其中《西湖竹枝》一诗，笔者倒是十分喜欢，各位读者可以欣赏阅读："美人绝似董娇饶，家住南山第一桥。不肯随人过湖去，月明夜夜自吹箫。"

薛兰英姐妹："女追男"隔层纱

1. 画楼上飞出才华横溢的富家女

在古代社会，若看到有某一位女孩，在众目睽睽之下向男方求婚，人们会觉得很惊恐，"女追男"似乎成为他们不可接受的一道风景。然而，在元朝就出现过类似的案例，并且有过之而无不及，人家女孩不仅长得漂亮，是典型的"富家女"，还很有才华，更令人惊奇的是，非"一女追男"，而是"二女同追男"，追的也不是"官二代"、富豪，而是有一点文化的穷书生。可喜的是，这个书生答应了俩女孩的追求，最终他们走进了婚姻的殿堂，成就了一段爱情佳话。

那么，这两个倒追男的女主角是谁呢？她们不是别人，正是元朝著名的诗人薛兰英、薛蕙英两姐妹。她们的运气很好，没有降生在穷人家庭，而是投胎给一个富商当了女儿。薛兰英姐妹的父亲是江南名城苏州卖米的老板，由于经营得道，很快就成了苏州的超级富豪。人有钱了，就想摆点谱，于是薛老板也附庸风雅，想弄些和文化沾边的事，显得自己也很有素养。不过，这也值得理解，一般人在物质条件达到一定水准后，都想有一些精神层面的追求。薛老板用钱买文化只是一种再普遍不过的心态。

当时，薛老板为了跻身知识分子家庭，便努力培养自己的两个女儿，出了高价请最好的老师教她们琴棋诗画，希望让她们摆脱小家子气，成为像书香门第家庭出身的小姐一样具备高贵的气质。这样，薛老板才觉得自己很有面子。为了让女儿专心读书，薛老板专门在自己的豪宅后盖了一座画楼，还花重金邀请了善画水墨花卉的承天寺僧在粉壁上绘上巨幅的兰蕙，并取名为"兰蕙联芳楼"。两个小姑娘就像养在闺中的娇艳鲜花，尽情地盛放，常常吟诗作画，过着幸福而快乐的生活。

在小楼中，薛兰英姐妹创作了许多诗词，共计百余首，薛老板还出钱为其刊印了集子，并题名为《联芳集》。薛兰英姐妹的诗集刊印后，全城轰动，就连当时最著名的文学家杨维桢也十分叹服，并主动结交，可想两女子当时的影响力。

2. 二姐妹大胆追求心上人

二姐妹的名声广为传播，上她们家提亲的人络绎不绝，几乎都让薛老板挑花了眼，但两姐妹一个也没看上，这可急坏了薛老板。两个女儿长得漂亮，又有才华，总不能就这么一直单身下去吧，总得尽快嫁出去才好，最好嫁一个权贵人家。

不过，薛老板的期望很快就被打破了。某年的一个春天，两姐妹正在小楼上欣赏岸边盛开的桃花，以及如丝绦般柔顺的柳条，心情格外舒畅，她们希望自己能捧住阳光，留住美丽的春天。

这时，刚好有一艘小船从小楼下经过，船上站着一个俊朗的书生，相貌白皙，身材伟岸，特别是那一双忧郁的大眼睛，真让人着迷。

这书生是什么人呢，为何如此令薛兰英姐妹着迷呢？原来，他姓郑，家住昆山，做一些小本买卖，此次来苏州是找薛老板进购点大米回去销售。然而，大米还没进购，就被老板家的两位千金给看上了，这不是天上掉下馅饼，让他措手不及么？

两个女孩对姓郑的帅哥一见钟情后，也顾不上封建礼教约束，立即主动出击。她们的手法其实很老套，就是大声向郑生打招呼，并挑逗性地往楼下投荔枝。到了晚上，郑生又从楼下经过，于是她们两姐妹就用秋千索套着竹兜，把郑生勾引到了绣楼，三人吟诗喝酒，谈得十分尽兴，酒足饭饱，当晚就一同进了闺房。

这件事很快就被薛老板知道了，当他发现自己女儿和郑生的畸形恋爱，生米已经煮成熟饭后，薛老板也是无可奈何，索性打包把两个女儿买一送一全嫁给了郑生做媳妇。当年，郑生才22岁，薛兰英20岁，薛蕙英18岁，从此三人过上了幸福的生活。

但是，出嫁之后，两个女孩就再也没有写过新的诗作，或许是因为太幸福从此辍笔了，也或许由于生活太过平淡，她们沦为了俗人庸人，也写不出什么作品来了。

关于两姐妹倒追郑生的故事，明朝有个叫瞿佑的作家专门写了部短篇小说集《剪灯新话》，其中有一篇《联房楼记》就根据薛兰英、薛蕙英姐妹共事一夫的传闻编写的。这本书写得很黄，可能当时瞿佑经济条件不太好，为了多挣点稿费，便在其中加入了不少男女之间的性爱情节，严重影响青少年的健康成长，后来这本书在明代被列为禁书。

3. 爱情终归土，诗词代代传

至于后来，薛兰英两姐妹的生活到底怎样，史料和文学作品均没有再介绍了，但她们年轻时所写的文学作品，却依旧流传到了现在，其中最著名的莫过于那首最著名的《苏台竹枝词》。写这首词时，两姐妹还是十三四岁的少女。她们当时把一切都不放在眼里，这有点类似于年轻时的杜甫，年少轻狂的他认为才华天下第一，连司马相如也不是对手。因此，薛兰英两姐妹狂妄地喊出："西湖有竹枝曲，东吴无竹枝曲乎？"这句话的意思就是，西湖有竹枝曲，难道我们东吴人就写不出来吗？于是，两姐妹便亲自操刀，共同写出了赫赫有名的《苏台竹枝词》十章，这组诗也成为女性竹枝词的开山之作，内容如下：

姑苏台上月团团，姑苏台下水潺潺。
月落西边有时出，水流东去几时还？

馆娃宫中麋鹿游，西施去泛五湖舟。
香魂玉骨归何处，不及真娘葬虎丘。

虎丘山上塔层层，静夜分明见佛灯。
约伴烧香寺中去，自将钗钏施山僧。

门泊东吴万里船，乌啼月落水如烟。
寒山寺里钟声早，渔火红枫恼客眠。

洞庭余柑三寸黄，笠泽银鱼一尺长。
东南佳味人知少，玉食无由进尚方。

荻芽抽笋楝花开，不见河豚石首来。
早起腥风满城市，郎从海口贩鲜回。

杨柳青青杨柳黄，青黄变色过年光。

妾似柳丝易憔悴，郎如柳絮太颠狂。

翡翠双飞不待呼，鸳鸯并宿几曾孤。

生憎宝带桥头水，半入吴江半太湖。

一绾凤髻绿如云，八字牙梳白似银。

斜倚朱门翘首立，往来多少断肠人？

百尺高楼倚碧天，栏杆曲曲画屏连。

侬家自有苏台曲，不去西湖唱采莲。

　　看到上面薛兰英姐妹写的竹枝词后，各位读者有什么感想呢？笔者认为，该诗语言流畅，情感充沛，意境深远，将人性中最美好的男女之情写得淋漓尽致，属于上乘之作。虽然，仔细琢磨，其中个别诗句显得有些稚嫩，但总体上是清丽纯情，令人回味的。当时，这首词写完之后，著名的文学杨维桢对此击掌叫好，并在她们的诗后面手题二诗：

　　　　锦江只见薛涛笺，吴郡今传兰惠篇。

　　　　文采风流知有日，连珠合璧照华筵。

　　　　难弟难兄并有名，英英端不让琼琼。

　　　　好将笔底春风句，谱作瑶筝弦上声。

　　除了这首《苏台竹枝词》，两姐妹还写了另外的诗作，其中姐

177

姐薛兰英写了一首诗："玉砌雕栏花两枝，相逢恰是未开时。娇姿未惯风和雨，吩咐东君好护持。"妹妹薛惠英也不示弱，随后也和诗一首："宝篆香烟烛影低，枕屏摇动镇帷垂。风流好似鱼游水，才过东来又向西。"

不过，代表薛兰英姐妹文学成就的还是她们共同写的《联芳集》，可惜由于年代久远，不幸丢失，现已无法找到，目前只有《苏台竹枝词》流传于世，但这并不影响她们两人的文学地位和成就，《玉镜阳秋》就高度评价："二女《苏台》十章，字字竹枝，妙镜鼎足曹、张间，了自不让。"能得到这样的评语，我想，对于薛兰英姐妹来说已经足够了。

孙淑：武夫治国的朝代，最有文化的女人

讲到孙淑，首先就得提到元代著名的作曲家孙周卿。小令《沉醉东风》和《蟾宫曲》就是其代表作。孙淑是孙周卿的女儿，字蕙兰，生卒年已无法查到，大概出生在成宗大德八年（公元 1304 年）左右，卒于泰定五年（公元 1328 年），可惜只活了 20 余岁，就去世了。

孙蕙兰的父亲是著名的作曲家，可见其遗传了优秀的文艺基因，所以她从小"高朗秀慧"，极有天赋。由于从小母亲就去世了，孙蕙兰主要是由父亲带大，孙周卿还亲自教她读《孝经》、《论语》、《女诫》等书籍。孙蕙兰对诗歌特别感兴趣，从小就学着吟诗作词，写的作品在当时传播很广，名声很大，属于远近闻名的小才女。

23 岁时，孙蕙兰遇到了自己的丈夫傅若金，并嫁给傅为妻。可

惜，她身体不好，常常得病，一直也没有好转。心情沮丧的孙蕙兰，每天便哀伤悲秋，常有"红颜薄命"的伤感，唯有写诗来安慰自己。其中包括最有名的两首诗，其一《窗前柳》："窗里人初起，窗前柳正娇。卷帘冲落絮，开镜见垂条。坐对分金线，行防拂翠翘。流莺空巧语，倦听不须调。"《望岳》："万壑千峰次第开，祝融最上气崔嵬。九江水尽荆扬去，百粤山连翼轸来。入树恐侵玄帝宅，牵萝思上赤灵台。明年更拟寻春兴，应及潇湘雁北回。"

孙蕙兰虽然不断写诗，却常毁弃自己的诗稿。或许是因为心情太过忧郁的缘故，她变得喜怒无常。家里的仆人常劝她看开些，孙蕙兰却说："偶适情耳，女子当治织纴组纴，以致其孝敬，辞翰非所事也。"大概意思就是，女子应该在闲暇时织布纺衣，孝敬长辈老人，做文章是不务正业。

可见孙蕙兰的心情是十分糟糕的，这也严重影响了她的身体健康。或许，真应了"红颜薄命"那句古话，孙蕙兰与傅若金结婚未到5个月，就因病而卒。傅若金在《殡志》中作了证明："蕙兰年二十三，于我归湘中，五月而卒。"孙蕙兰死后，她的丈夫傅若金将其诗作18首编集成帙，序而藏之，题曰《绿窗遗稿》，因而后人有"《绿窗》遗集，端赖贤夫"为证。

蕙兰的诗作虽很少，却很精致，流传也很广。正如其丈夫傅若金盛赞的那样："语皆闲雅可诵。"学术著作《玉镜阳秋》也评论她的诗："淑诗学字，是女郎语，再弱静好，每一讽咏，想见妆铅点黛时气韵。"可见，孙蕙兰的作品具备一定的水准和影响力，在元朝女诗人中占据着重要的地位。可以这么说，在元朝这个武夫治国的朝代，孙蕙兰是最有文化的女才子之一。

郑允端：字画堪比黄金价

在博宝网首页，有一则关于郑允端题图诗的消息，称某收藏者持有元代郑允端题图诗一幅，绢本，高 165 厘米，宽 50 厘米，此物经专业公司鉴定，疑为孤本，但属真迹。绢书上有："慈母三迁抑已勤，满头白发乱如云。机丝一段吾儿续，织的经天纬地文。"落款下有玉园女史印鉴，贞字正淑印鉴。该绢画售价为 1000 万元。看到这，不禁引起了笔者的兴趣，这幅画为何如此珍贵，何以敢要千万的高价？这个郑允端又是谁？其人生又是什么样子？带着疑问，笔者便去了解了这位元朝著名的女诗人。

郑允端，元朝著名女诗人，字正淑，平江人，生于公元 1327 年，死于 1356 年，年 30 岁。这个郑允端不像薛涛和梁红玉那样出身于寒门，而是从小生长在书香门第。她的父亲郑氏曾富雄一郡，有半州之目，人称"花桥郑家"。

郑允端由于家庭环境好，从小受到了良好的教育，对诗词很有研究，年轻时就写了不少优秀词作。后来，她嫁给了同郡的大户施伯仁，丈夫也是儒雅之士，夫妻两人相敬如宾，暇则吟诗自遣，然题涉甚广，不止于写闺情。

本以为，两人能幸福地生活一辈子，哪知道很快就遇到了战乱。至正十六年（公元 1356），农民领袖张士诚打到了平江县，黎民百姓苦不堪言，施家也被官兵所破，家里被洗劫一空，顿时一贫如洗，郑允端在这种困难环境下，生了重病，不久就悒悒而卒。可能，郑允端是饿死的，也可能是得瘟疫死的，总之她很不幸，一个

180

才华横溢的女子，遇到不幸的战争，最后不幸早逝。宗族之士对郑允端十分尊敬，大家称她为"女中之贤智者"。

虽然，郑允端没有长命，但是她的文学作品永远闪耀着光辉，其中的文学批评和文学创作实践业绩皆十分可观，后来其夫施伯仁为她编的文集《肃庸集》由于历经颠簸，散失了一半多，到目前仅留下百余首诗。笔者为大家选取了几首，以飨读者。

赞豆腐

种豆南山下，霜风老英鲜。磨砻流玉乳，蒸煮结清泉。

色比土酥净，香逾石髓坚。味之有余美，五食勿与传。

听琴

夜深众籁寂，天空缺月明。幽人遽槁梧，逸响发清声。

一韵再三弹，中含太古情。坐深听未久，山水有余清。

子期既物化，赏心谁与并。感慨意不已，天地空峥嵘。

山水障歌

我有一匹好东绢，画出江南无数山。笔法岂下李营丘？直疑远过杨契丹。

良工好手不可遇，此画森然能布置。层峦叠嶂拥复开，怪石长松俨相对。

板桥茅屋林之隈，瀑流激石声如雷。恍然坐我匡庐下，便觉胸次无凡埃。

此身已向闺中老，自恨无缘致幽讨。布袜青鞋负此生，长对画图空懊恼。

181

历史大咖的另一张脸 2

明

巾帼不让须眉

秦良玉：抗清史上最炫丽的女名将

花木兰的传奇在中国几乎是家喻户晓，但它仅仅是文学作品中大肆渲染的故事，并非真有其人实有其事。不过，在明末清初巴蜀大地上，有一位名叫秦良玉的女将军却是"花木兰"的真实版，她"代夫从军"，北上抗金，立下汗马功劳，在中国军事史上写下了浓墨重彩的一笔，大诗人郭沫若专为其撰文作诗歌颂她的卓越战功，使其名扬天下，流传后世。

文韬武略有大志

那么，这位秦良玉到底是何许人物，经历了怎样的人生传奇呢？很荣幸，笔者翻阅了相关史料，发现秦良玉竟和自己是老乡，都是四川人。史料记载，秦良玉，字贞素，明万历二年（公元1574年）出生于四川忠州（现重庆市忠县）西乐天镇郊的鸣玉溪畔。虽然，现在忠县划归到了重庆，但并不影响巴蜀二字的共同体。

闲话少说，再继续聊秦良玉。她的故乡，据说山环水绕，地势雄奇，风光俊秀，秦家世世代代居住在这个美丽的地方，日子过得幸福而甜蜜。秦良玉的父亲名叫秦葵，从小饱读诗书，考取了贡生，在当地是一方名士，享有很高的社会地位，县上的官员对他格外尊重。的确，在明清时期，只要读书人考取秀才及以上的功名后，基本都会成为当地重要的知识分子，受到官员乃至富商的尊重。

由于父亲是文化人，又懂武术，便特别注重对秦良玉的培养，"丁乱世，喜谈兵"，秦葵花钱请老师教授女儿学习文韬武略，勉励她长大后要"执干戈，以卫社稷"。秦葵对秦良玉很是钟爱，认为她虽然是女孩子，但聪慧伶俐，应该学会文化和武术。以后虽不能执掌朝政，但至少可以习兵自卫，以免在兵火战乱中"徒为寇鱼肉"。

秦良玉深知父亲的良苦用心，自小学习就特别认真努力，除了课章句、学经史外，她还与父亲一起习武。通过长时间的刻苦，秦良玉不仅骑射击刺过人，而且熟读兵史，精于谋略，显露出了非凡的文化和军事才能。看到女儿如此优秀，秦葵逢人便夸奖道："惜不冠耳，汝兄弟皆不及也。"秦良玉听到父亲的表扬并不骄傲，暗暗立下远大志向，并豪迈地回答："使儿掌兵柄，夫人城、娘子军不足道也。"

秀外慧中嫁良夫

由于从小接受了良好的家庭教育，秦良玉不仅文化水平高，能写诗填词，武功也相当不错，在当地名声远播，属于秀外慧中的好女子。

正因为自身优秀，到了结婚年龄，秦良玉也没有看上心爱的如意郎君，因为她的择偶眼光非常高，一般人还真看不上。

当时，忠州有一个"官二代"名叫曹皋，非常飞扬跋扈，看到秦良玉貌美如花，又十分高挑，简直像极了当前的迷人模特，便想娶进家门做妻子。于是，曹皋请了不少媒人到秦良玉家里说亲，但是都被秦良玉断然拒绝。软的不行，曹皋就来硬的和阴的，竟想出了一条毒计加害于她。当时，曹皋借助家里的权势，买通相关部门，谎称秦良玉支持抗税斗争，遂将其打入大牢，准备判刑。后来，秦葵通过家里的关系，用了大价钱进行疏通，才将秦良玉救了出来。曹皋虽然这么狂妄，但秦良玉依旧没有屈服，仍然未答应曹皋的求婚要求。

为了刺激曹皋，也为了解决自己的终身大事，出狱后，秦良玉就在家中搞了一次盛大的比武招亲大会。曹皋没有办法，也组织队伍前来应征，希望自己能取得成功。然而，哪里知道，民间高手如云，他根本不是别人的对手，所请的打手也没混过几关就败下阵来。这次招亲中，有一个男人引起了秦良玉的注意，此人不仅武功高强，而且举止优雅，很有文化，这个人就是土司马千乘。这个马千乘并不是苗人，祖籍在陕西抚风，因祖上建立了战功，被封为石砫宣抚使，相当于地方行政军事长官，官职世代沿袭，最后传到了马千乘身上。

马千乘经过艰辛战斗，最后赢得了总冠军，也获得了秦良玉的芳心。马秦两家于是迅速联姻，曹皋无奈竹篮打水一场空，成了最大的输家。

结婚之后，秦良玉到了夫君家居住，由于石砫地处偏远，民风剽悍，时有叛乱兴起。担任宣抚使的马千乘最重要的责任就是训练兵马，维护社会安定，保护百姓安全。秦良玉这时有了用武之地，本来武功高强的她，最开始只做防身之用，现在正好可以协助丈夫精心练兵，报效祖国。马千乘看到自己妻子武功如此了得，也并不反对她参与军事，"整莅军伍，莫不股栗"，十分爱慕敬重她，夫妻两人相敬如宾，就边防治军、用兵方面的事宜常常商议解决。

除了练兵，秦良玉还是一位出色的"武器专家"。她和丈夫的手下有一支数千人的精锐部队，士兵使用白木削成"矛端有钩，矛末有环"的一种独特长矛，号称"白杆兵"。军队在秦良玉的训练下，机动灵活，骁勇善战。《明史·秦良玉传》称："驭下严峻，每行军发令，戎伍肃然，为远近惮。"大概意思就是，秦良玉训练的"白杆兵"纪律严谨，在行军发令时，队伍戎装肃然，为远近的敌军所忌惮。

随夫出征显神威

万历二十七年（公元 1599 年），播州（今贵州省遵义市）宣慰使杨应龙，是一个典型的贪官，不仅割据地方鱼肉乡里，还拒不接受朝廷安排，阴谋煽动叛乱。对于遵义这个地方，学过共产党史的人都知道，遵义会议就在此地召开，地理位置十分重要。这个地方有一个优势，就是地势险峻，山高水险，可以作为防守的天然屏障。杨应龙不仅没有好好利用这个地势险要的地方抗击倭寇，为国家出力，反而集结乌合之众猖獗一时，发动叛乱对抗明朝政府。在这种严峻形势下，明朝政府于 1600 年 2 月集结重兵，兵分 8 路前去围剿杨应龙叛军。

秦良玉随丈夫马千乘率 500 精兵前去支援政府军，与叛军展开了激战，由于"白杆兵"特殊的装备和长期严格的山地训练，在播州的战争中得心应手，给予了叛军出其不意的打击，他们宛如神兵从天而降，有力地打击了叛军的嚣张气焰。

叛军首领杨应龙见未能打垮政府军的猛烈攻击，便改变了作战方式，准备死守播州城。他调集所有兵力，设下5道关卡，分别是邓坎、桑木、乌江、河渡和娄山关，每道关卡都有精兵防守，想以此作护身符。当时攻打邓坎一战，是由秦良玉率领500"白杆兵"为主力，去攻打叛军的5000精兵。面对十倍于己的敌军，秦良玉并没有畏惧，她亲自骑一匹桃花马，握一杆长矛，威风凛凛地杀入敌阵，左挑右砍，东突西冲，如秋风扫落叶一般，杀死叛军数十人。这有一点像当年项羽在打仗中的英勇表现，取敌军将领首级如入无人之境。不过，秦良玉有这个实力，因为据有人考证，她身高1米86，穿上军装特别威武。当年项羽也不过1米8而已。

在敌军中，秦良玉愈战愈勇，她的士兵得到了鼓舞，纷纷拼死杀敌。秦良玉则在一顿猛杀之后，忽地纵马腾跃，将敌军将领杨朝栋抓在了自己马背上，右手挥舞着长矛，左手牢牢制住敌将。俗话说，擒贼先擒王，头领都被抓住了，再打下去也没什么意思。叛军顿时慌了手脚，也无心恋战，伤的伤，逃的逃，5000人马顿时溃散无遗。

攻下邓坎后，秦良玉又率军攻打娄山关。由于道路狭窄，部队无法通过大批兵马，秦良玉想出了一个巧取方案。秦良玉和丈夫选取了一天凌晨，他们双双骑着战马并驰，用长矛与敌军进行拼杀，两人并肩血战，而敌兵见政府军的首领被自己包围，便蜂拥而上准备活捉秦良玉。哪里知道，他们彻底失算了，正当叛军越聚越多时，几千"白杆军"突然从关口两侧包围过来，迅速杀进敌军，叛军根本没有想到还会"从天而降"那么多援军，顿时乱了手脚，大多落荒而逃。

很快，秦良玉就率领部队攻下了娄山关，与此同时，其他政府军也攻克了其他关口，这时的叛军只得垂死挣扎，大势已去了。政府军于是一鼓作气，不费吹灰之力就攻克了叛军据点播州城。杨应龙的家属无奈自焚而死，至此叛乱也彻底被平息下来。

论功行赏时，马千乘夫妇率领的"白杆兵"战功卓著，被朝廷列为"川南路第一有功之军"。秦良玉初次参加战斗，就显示出了卓越的军事才华，为大明朝廷立下了汗马功劳，除受到重奖外，"女将军"的英名也由此远播四方。

请缨带兵战后金

万历四十一年（公元1613年），秦良玉的丈夫马千乘不幸被太监邱乘云诬陷，后冤死在云阳（今重庆市云阳县）狱中。丈夫的死令秦良玉十分悲伤，她心里的苦不知道对谁诉说，很长一段时间内，她都很消沉。但是，家庭的苦难并没有影响秦良玉爱国的节操，在国家需要她时，她立即站了出来，并参与到保家卫国的战斗之中。

由于女将秦良玉立有战功，在马千乘死后，她袭职代领了石砫宣抚使。这时，正值满洲崛起于东北，对明朝廷构成严重威胁之际。大明万历四十七年（公元1619年），明朝军队在萨尔浒惨败于努尔哈赤的后金军队，"一闻警报，心惊胆丧"，辽东官兵"装死苟活，不肯出战"。朝廷无奈，便急调永顺、保靖、石砫、酉阳等土司兵赴辽救援。秦良玉奉旨率兵数千奔赴前线，参与了抗击后金的战斗。

《明实录·熹宗天启实录》记载，明天启元年（公元 1621 年），清军攻占了关外的沈阳，势头很是强劲，扬言要打到北京城去。这时，秦良玉便派遣其大哥邦屏和弟弟民屏为先锋，强渡浑河与清兵激战，可惜寡不敌众，邦屏战死疆场，民屏身陷重围。秦良玉闻讯后，立即率领自己的"白杆兵"，强渡浑河杀入重围，拼死救出弟弟，抢回了哥哥的尸体。首次战斗，秦良玉牺牲了哥哥，心情十分沉重。虽然，在艰苦的条件下，他们还杀敌数千，重创清兵，但这是一场代价惨重的血战。

亲人的战死令秦良玉十分悲伤，又更为愤怒，她上书大明皇帝，表示将要拼死打败清军，为国效力。明熹宗朱由校知道情况后，大为感动，立即下诏赐予秦良玉二品官服，并封为"诰命夫人"，任命其子马祥麟为指挥使，追封其哥哥秦邦屏为都督金事，授其弟弟秦民屏为都司金事之职，还重赏了"白杆兵"众将士。

得到皇帝的嘉奖，秦良玉更为卖力，她立即遣使到京城，赶制1500 件冬衣抚恤士卒，整顿余部，随后亲率 3000 精兵直赴榆关（山海关），命部下加固防守，使后金兵无法攻破。秦良玉在榆关坐镇时，不仅加强武备，戮力守卫，有效地遏制了后金兵南下的气焰，还大力救济关内外饥民，抚慰民心，创造了较为安定的环境。在秦良玉的主持下，榆关防务固若金汤，成为后金兵无法逾越的屏障。

中途，秦良玉回到四川扩兵援辽，期间平定了成都、重庆、贵

秦良玉·抗清史上最炫丽的女名将

191

州叛乱，并为朝廷重新收复了三地。

后来，也就是崇祯二年（1629年），清兵又绕道喜峰口，攻陷遵化，直抵北京城下，形势极为险峻。崇祯皇帝匆忙下诏征调天下兵马勤王。秦良玉闻讯后，立即"出家财济饷"，两次率"白杆兵"兼程北上。当时各地先后赶来的十余万官军，互相观望，畏缩不前，只有秦良玉所率"白杆兵"最先奋勇出击，与后金兵在京师外围相遇，双方全面激战。年已55岁的秦良玉，率领士兵，手舞白杆长矛，以一当十，威猛如虎，打得后金兵落荒而逃。很快，秦良玉顺利收复了涿州、永平、遵化等四城，解救了京城之围。

史料《燕都胜迹·北平南城》记载，秦良玉立了如此大功，崇祯皇帝十分高兴，破格在平台亲自召见，并赐她一品服、彩币羊酒，并赋诗四首褒奖。这四首诗的内容如下：

其一：学就西川八阵图，鸳鸯袖里握兵符。古来巾帼甘心受，何必将军是丈夫。

其二：蜀锦征袍手剪成，桃花马上请长缨。世上多少奇男子，谁肯沙场万里行？

其三：胡虏饥餐誓不辞，饮将鲜血带胭脂。凯歌马上清吟曲，不是昭君出塞时。

其四：凭将箕帚扫胡虏，一派欢声动地呼。试看他年麟阁上，丹青先画美人图。

皇帝亲自写了四首诗表扬一位女将领，这是盘古开天以来极少有的事。秦良玉一介女流，居然能享受到如此崇高的荣誉，的确十分难得。不过，她所建立的功勋也应该值得这样嘉奖。因为在后金军兵临城下之时，众多须眉大将贪生怕死，推诿观望，只有秦良玉力挽狂澜，这有点类似于《三国演义》中的一个情节。东汉末年，袁绍率领的联盟大军已逼近都城，没有哪一支军队率先攻打，最后曹操看不下去，便只身一人带着宝刀去刺杀董卓，其英雄气魄令人佩服。因此，秦良玉的壮举令崇祯皇帝感慨万端，他视秦良玉为救驾功臣，表示要"试看他年麟阁上，丹青先画美人图"。

与农民军的纷争与联合

解了京城之危后，秦良玉从京师调回了四川，并被安排"专办蜀贼"。

前面，秦良玉抵抗外寇，打败后金正规军，此次回四川，秦良玉则开始攻打贼匪。她要搞定的贼匪是谁呢，就是大名鼎鼎的张献忠。这个老张可不得了，干了不少坏事。不仅杀掉了不少四川的本土居民，还欺骗了大批知识分子去参加科举，最后将他们统统砍掉了脑袋。

明崇祯七年（公元 1634 年），张献忠攻夔州——夔州为四川门户。夔州距石砫仅三日路程，保夔州即保石砫。秦良玉是朝廷命官，守土有责，石砫是她安身立命之所。因此，年过花甲的秦良玉再次披挂上阵，风采不减当年，迫使张献忠退回湖广。

明崇祯十三年（公元 1640 年），罗汝才屯驻湖广，谋进四川。五月，转克巫山，入瞿峡，直抵夔州。秦良玉再次前往阻击，先后在马家寨、留马垭、仙寺岭同罗汝才激战。同年九月，张献忠、罗汝才联手入川，在竹菌坪（今重庆市奉节县城北）射杀了号称"神弩手"的张令。当时秦良玉与张令互为犄角，但因"趋救不及，转

193

战复败，所部三万人略尽"。秦良玉只好单骑走见四川督抚邵捷春说："事急矣！尽出吾溪峒卒可得两万人，我自禀其半（自出军粮一半），半饩之官（官府出一半），足以破贼。"然而，邵捷春未采纳秦良玉的意见。秦良玉万般无奈，只有退保石砫一地。

明崇祯十六年（公元 1643 年）冬，秦良玉升任四川总兵官。明崇祯十七年（公元 1644 年）正月，张献忠率马步、精兵数十万，长驱直入夔州。秦良玉再交驰援，终因众寡悬殊，只得败归石砫。为了保全家乡，她曾发布了《固守石砫檄文》。

几个月后，京城已被李自成所率领的义军攻破，明思宗自缢于煤山，大明王朝在风雨飘摇中彻底崩塌，李自成入主京城，张献忠则想牢牢控制住川蜀，以作为自己的据点。张献忠东征西战，几乎囊括了全蜀，却唯对石砫弹丸之地无可奈何。已 68 岁高龄的秦良玉，带着她手下历经百战的"白杆兵"，不畏强暴，誓死抗拒，一直到张献忠败亡，起义军终没能踏入石砫半步。

只可惜，1644 年清军入关，形势骤变，清廷取代了大明王朝，迅速西进南下。大顺、大西农民军余部与南明政权转而出现联明抗清的局面。秦良玉也和农民军停止干戈，重新投入抗清的行列。

秦良玉终究老了。在清顺治五年（公元 1648 年），75 岁的秦良玉在一次检阅过"白杆兵"后，刚刚下马，身体就意外一歪，脑溢血去世，结束了她宝贵的生命。不过，她不计安危、舍家破财、爱国爱民的情操，忠贞卫国、至死不渝的高风亮节，受到了天下人的崇敬和爱戴。

为了纪念秦良玉的丰功伟绩，后人在其驻兵遗址修建了四川会馆，祠堂内供奉秦良玉戎装画像，龛前还有副对联："出胜国垂三百年，在劫火消沉，犹剩数亩荒营，大庇北来梓客；起英魂天九幽地，看辽云惨淡，应添两行热泪，同声重哭天涯。"

不少文人雅士也对秦良玉有许多赞美，其中歌颂秦良玉最让人感动的诗篇，当算清末女英雄秋瑾，诗歌如下：

其一：古今争传女状头，谁说红颜不封侯。马家妇共沈家女，曾有威名振九州。

其二：执掌乾坤女土司，将军才调绝尘姿。花刀帕首桃花马，不愧名称娘子师。

其三：莫重男儿薄女儿，平台诗句赐娥媚。吾骄得此添生色，始信英雄曾有此。

秦良玉·抗清史上最炫丽的女名将

黄娥：留守女人的顶级榜样

提起黄娥这个女人，她十分特殊，其命运有双重性。说她命好，首先她博通经史，擅制词典，与卓文君、薛涛、花蕊夫人齐名，被尊称为"蜀中四大才女"之一。其次，她嫁给了明朝三大才子之首——大状元杨慎，可谓寻得好儿郎。另外，她的出身很好，父亲黄珂不仅通经史，能诗文，擅书札，还官至工部尚书（相当于建设部部长）。说她命差，也一点不为过。因为，她结婚没几年，丈夫杨慎就因为强行谏言得罪了嘉靖皇帝明世宗，后被流放云南数十年，从此黄娥便在新都（今四川省成都市新都区）独守空房，成为孤苦无依的留守女人，其命运悲苦令人怜惜。

出身名门小有才艺

前面已经说过，几乎古代女作家都有一个好的出身，黄娥依旧如此。她的父亲是明朝的工部尚书黄珂，原籍在四川省遂宁市，成化二十年（公元1484年），35岁的黄珂经过千辛万苦，"过五关斩六将"终于考上进士，当年他的名次是三甲第13名，状元郎则是李旻，此人没什么造诣，默默无闻。

不过，黄珂虽没考上状元，最后却做出了一番功绩。据《明史》记载，进士考上后，黄珂授龙阳知县。由于治理有方，他很快升任监察御史。之后，他接连担任右金都御史巡抚延绥、户部右侍郎、刑部左侍郎，直到最后官拜工部尚书。黄娥就出生在这样的显赫家庭，从小受到了良好的文化熏陶与教育，由于父亲诗词歌赋样样精通，聪明伶俐的黄娥在父亲的教授下，学习到了不少知识，进步很快，不仅"博通经史，工笔札"，还"能词善诗"。另外，黄娥的母亲聂氏知书达礼，在家教礼数方面，黄娥也是谨守闺门，还能弹琴填曲，有着高深的造诣。父母的良好教育让黄娥变得与众不同，在遂宁成了远近闻名的小才女，所做的诗词作品受到时人的交口称赞。

幸运儿嫁给状元郎

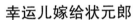

黄娥的名气很大，在当时不少权贵之子都登门求亲，黄娥却唯独喜欢大才子杨慎。这个杨慎可不得了，在中国文学史上占有重要的地位，在中国科举考试中也是青史留名。

据《明史》记载，这个杨慎也是四川人，家在新都。杨慎的父亲杨廷和很了不得，是明朝的内阁首辅（宰相）。出生在这样的家庭，杨慎应该知足了，他和清朝的词人纳兰性德有得一拼，比曹雪芹的家世还好。出身名门，又聪明好学，杨慎十来岁就小有名气。"十一岁能诗，十二岁拟作《古战场文》、《过秦论》，长老惊异。入京，赋《黄叶诗》，李东阳见而嗟赏，令受业门下。"（《明史》）此段介绍说得很明白，杨慎11岁就能写诗，12岁就拟作了《古战场文》、《过秦论》，文坛前辈纷纷惊诧，就连当时的礼部尚书（相当于教育部部长），明朝"作协主席"李东阳看到杨慎写的《黄叶诗》后，十分惊叹，大为赞赏，破格将其收在门下当徒弟。杨慎没有辜负前辈们的希望，在24岁时，他就以"殿试第一，授翰林修撰"，当时杨慎考了全国第一名，成为明武宗时期的大明文科状元。

而才女黄娥就有幸嫁给了大名鼎鼎的状元郎杨慎。从这一点看，她是很幸运的。不是每一个女人都能嫁给才华横溢的状元，也不是每一个女人都能与文学家朝夕相处，愉快地谈诗论词。黄娥做到了，她与杨慎结婚后的日子十分甜蜜，两人经常一起谈论文学。

据史料记载，黄娥婚后写了好几首诗词与丈夫探讨，譬如《闺中即事》："金钗笑刺红窗纸，引入梅花一线香。蝼蚁也怜春色早，倒拖花瓣上东墙。"比如《庭榴》："移来西域中多奇，槛外绯花掩映时。不为秋深能结实，肯于夏半烂生姿。番嫌桃李开何早，独秉灵机放故迟。朵朵如霞明照眼，晚凉相对更放宜。"

在这些诗歌中，黄娥以她高贵的气质，傲然的自信，独特的清高，向杨慎作了殷殷至情的表白。读着娇妻的诗歌，其语句之优美，其用情之专一，让杨慎大为感动，他对妻子的才学叹赏之极，称黄娥为"女洙泗（女孔子），闺邹鲁（女孟子），故毛语（女毛公）"。随后，杨慎也亲自和了一首《鹧鸪天》送给妻子："宝树林中碧玉凉，西风又送木樨黄。开成金粟枝枝重，插上乌云朵朵香。"

像此类和诗的情况时有发生，黄娥和丈夫杨慎的婚后生活十分甜蜜，两人相敬如宾，过着幸福而畅快的生活。

直言进谏得罪嘉靖皇帝

考上状元没有多久，明武宗就去世了，世宗嗣位，也就是赫赫有名的嘉靖皇帝。即位后的世宗，将杨慎召至京师，任其为经筵讲官。过了三年，嘉靖纳桂萼、张璁言，召为翰林学士。这时，一向敢于直言的杨慎竟偕同36人上书："臣等与萼辈学术不同，议论亦异。臣等所执者，程颐、朱熹之说也；萼等所执者，冷褒、段犹之余也。今陛下既超擢萼辈，不以臣等言为是，臣等不能与同列，愿赐罢斥。"这段话的大概意思就是，当时皇帝提拔了桂萼、张璁当翰林学士，但杨慎等一伙人居然发出反对声音。杨慎上言说，他们与桂萼、张璁研究的学术不同，节操也不同。他们奉行的是程颐、朱熹之说，而桂萼、张璁等所执的是令人不齿的冷褒、段犹之余。现在陛下好坏不分，却要重用桂萼等人，不采纳我们的正确意见。因此我们不愿意与桂萼、张璁同列，冒死上书希望陛下罢免他们。

从这一点看，杨慎很有风骨，在文臣中属于佼佼者。但是，从官场规则来看，杨慎也有些不懂事了。如果皇帝要提拔重用某人，而下属却联合起来唱反调，要求一把手做出慎重选择，这是不是有些以下犯上，不懂规矩了呢？因此，嘉靖皇帝对此大为恼怒，严厉惩罚了杨慎一伙，停了他们的工资，还将带头闹事的8个人打入监狱。见此情况，杨慎和翰林检讨王元正等人还不收敛，继续撼门大哭，声彻殿庭。嘉靖皇帝气得没法，便将36个翰林全部弄进了监狱，并罚以廷杖。之后，他们受到了贬谪，杨慎也被流放云南。

而新婚不久的妻子黄娥因丈夫被迫害，肝肠欲断，悲愤盈腔。

黄娥·留守女人的顶级榜样

行至江临，就要作别，小两口有说不尽的离愁别恨，道不完的相思别苦，热泪纵横，悲天怆地。之后，黄娥带着无限悲伤的心情，无奈地回到了新都老家尽孝，主持家政，当了一位留守少妇，从此孤苦无依。

无奈与丈夫分别回新都

在与妻子离别后，杨慎感情汹涌，做了一首诗《临江仙·戍云南江陵别内》送给了妻子黄娥。内容如下：

楚塞巴山横渡口，行人莫上江楼。征骖去棹两悠悠。相看临远水，独自上孤舟。

却羡多情沙上鸟，双飞双宿河洲。今宵明月为谁留？团团清影好，偏照别离愁。

读罢丈夫的诗词，悲痛万分的黄娥一口气唱了四首《罗江怨·闺情》，借以倾诉自己的痛苦和无奈。笔者选取了其中一首，供读者阅览，其一：

空庭月影斜，东方亮也。金鸡惊散枕边蝶。长亭十里，阳关三叠。

相思相见何年月？泪流襟上血，愁穿心上结。鸳鸯被冷雕鞍热。

该词真是字字血声声泪，令人为之哀叹。此后黄娥独自担负起侍奉公婆、管理家务的责任。那一年，黄娥才27岁。

孤苦无依留守三十年

之后，杨慎一直在云南流放，而黄娥则待在家里留守，两人根本没有见面的机会，真是比牛郎织女还惨，他们还能一年在七彩桥上见一次，而黄娥和丈夫远隔两地，几乎多年不曾相见。

后来有一次机会，黄娥见到了丈夫。那是嘉靖五年（公元1526年）六月，杨慎听说父亲病了，便从云南日夜兼程，走了19天才到家。七月，杨廷和看见儿子心里一高兴，病居然顷刻痊愈了。当年九月，黄娥便与丈夫一同去了云南，在滇南陪伴杨慎生活了两年多。

嘉靖八年（公元1529年）六月，杨廷和病卒，黄娥与杨慎便又从云南返回新都办丧事。十一月，办完丧事后杨慎返滇，黄娥便独自留在新都，此时黄娥已年满31岁，从此夫妻天各一方，一别就是整整30年。

这30年中，孤苦无依的黄娥独守空房，无一儿半女陪伴，年复一年，似乎永远没有尽头。她只有将对丈夫的刻骨思念，化为一行行缠绵凄切的诗句，寄给几千里之外的丈夫。比如其中的一首散曲《南商调·黄莺儿·苦雨》就十分凄婉动人，令人感伤：

积雨酿轻寒，看繁花树残，泥途满眼登临倦。云山几盘，江流几湾，天涯极目空肠断。寄书难，无情征雁，飞不到滇南。

这首散曲也是黄娥的代表作，哀婉凄清，缠绵悱恻，深深拨动读者之心弦，传唱千里，蜚声四方。据说杨慎读后也为妻子的才情折服，竟一连和了三首，却无论意境还是词句总也不如。王世贞在《艺苑卮言》就佐证道："黄娥的《寄外》诗和《黄莺儿》字字佳

黄娥·留守女人的顶级榜样

绝，杨状元连和三首，也总是不如!"

黄娥还有一首诗，笔者特别喜欢，它就是黄娥独留新都时写的《寄外》："懒把音书寄日边，别离经岁又经年。郎君自是无归计，何处春山不杜鹃。"该诗流传甚广，许多集子都对其进行了收集，足见其影响力。

一次进谏导致一生悲剧

因"大礼仪"事件，明嘉靖皇帝恨死了杨慎，在他当朝期间多次大赦天下，却一次也没有轮到杨慎，可见嘉靖皇帝的心胸狭窄，也可见封建皇权的专制与残忍。

嘉靖三十七年（公元 1558 年）隆冬，杨慎被云南巡抚王昺以私自回川为理由，派人从泸州械押回滇，不到半年，嘉靖三十八年（公元 1559 年），杨慎死于永昌戍所，年 72 岁。这时，早已年迈的黄娥万里奔丧，在泸州遇上被运回的杨慎灵柩，伤心欲绝，大哭不止。黄娥把杨慎灵柩运回新都，力排众议坚持"藁葬"（草草埋葬）杨慎于新都祖坟陵园。

不久，心胸狭窄的嘉靖皇帝果然派人前来启验，因找不到任何借口，避免了一场家族大祸，事后众人不得不佩服黄娥清醒的政治头脑。十年后黄娥病逝，合葬于杨慎墓。明代最杰出的女诗人黄娥，也就这么香消玉殒了，但她留给后人的文化遗产却万古长存!

后世文人给予了她高度评价，比如徐青藤就为黄娥诗集撰序："杨夫人才情甚富，不让易安（李清照）、淑真（朱淑真）。旨趣闲雅，风致翩翩，填词用韵，天然合律。"方维庸赞誉她的诗句"不纤不庸，格志气逸"。

四川省遂宁市地方政府为了纪念黄娥，还专门修建了景区。比如黄娥古镇休闲度假区，即"七彩明珠"景区，按照国家4A级景区建设，规划用地7平方公里，包括诗景画廊、眉园叠翠、五彩花坞、桃源春晓、果香民居、黄娥古镇、鹭岛鸟语等七大主景区。同时，还修建了黄娥诗碑林，包括黄娥牌坊、黄娥主碑、黄娥诗碑和著名诗人碑林，总计43块，其中黄娥主碑1块，展示黄娥一生不同阶段的诗碑13块，中国历代著名诗人和遂宁本土诗人诗碑29块。各位读者若有兴趣，不妨去遂宁看一看，说不定能在那里感受到黄娥凄婉的文风和文气。

黄娥·留守女人的顶级榜样

历史大咖的另一张脸 2

清

巾帼不让须眉

慈禧：中国改革富强的"拦路罪人"

作为晚清同治、光绪两朝的最高决策者，慈禧以"垂帘听政"、"训政"的名义统治中国达 47 年，不得不说是一个奇迹。尽管，她在权术方面有过人之处，一点也不亚于任何一位帝王，甚至能和武则天相提并论，但在对国家改革富强的贡献上，她则是最大的"拦路罪人"。中国若没有她，或许不会有后来的八国联军侵华，也不会饱受列强欺压达数十年之久。因此，将慈禧比为昏庸、腐朽、专横、残暴的妖后，还真没有言过其实。

选秀进宫奔前途

首先，慈禧作为一国之后，在身世问题上却是一个谜，这不得不引起人们的兴趣和疑问。自古以来，像武则天、吕雉等掌握天下权柄者的女性人物，其身世都是很清楚的，史学家也有详细记载，但对于慈禧的出身，一直是史学界难解的谜。譬如，著名清史专家俞炳坤先生在《慈禧家世考中》说："对于慈禧家世的研究，始终是一个较为薄弱的环节。这不但表现在所记史实过于简略，留有许多空白，而且众说纷纭。"

无奈，笔者不得不采用一些并不一定准确的史料或学术研究资料，以供读者参考甄选，希望能有所帮助。有学者做出研究，认为慈禧（叶赫那拉氏）是汉人，生于山西省长治县（今山西省长治市），并在此度过童年。依据是 1989 年 6 月，长治市郊区（原属长治县）下秦村 77 岁的村民赵发旺声称自己是慈禧的五辈外甥，又经学者考证得出，1835 年慈禧出生在山西省长治县西坡村一户贫穷农民家庭，取名"王小谦"。4 岁时，她被卖给本县上秦村宋四元为女，改名"宋龄娥"。12 岁时，她又被卖给潞安府知府惠征为婢，改名"玉兰"（兰儿），并在衙西花园专设书房中获精心培养。咸丰二年（公元 1852 年），她以叶赫那拉惠征之女的身份应选入宫，从此平步青云。

另外，也有学者提出，慈禧是满洲镶黄旗人，其家庭属叶赫部（今吉林省四平市附近）。她的父亲其实就是徽宁池广太道道员惠征，而不是什么西坡村的普通农民。因为，在皇族家谱中记载，她是"叶赫那拉氏惠征之女"，虽有姓，但无名。

至于这些考证到底是否真实，暂不讨论，笔者接着讲述下面的故事。

是的，17 岁的叶赫那拉氏在咸丰二年二月十一日（公元 1852 年 2 月），被选秀入宫，赐号兰贵人。进宫之后，叶赫那拉氏受到了咸丰皇帝的宠幸，未到两年时间，她就火速晋封为懿嫔。之后，她又生下了皇子载淳，也就是咸丰皇帝的第一个儿子，也是唯一的儿子。母以子贵，自此，叶赫那拉氏的地位迅速提高，并于咸丰六年（公元 1856 年）三月，晋封懿妃，第二年她又晋封懿贵妃，成为后宫妃嫔中的二号人物。

仅用了 5 年时间，慈禧就从一个普通的婢女，升任到贵妃位置，的确是一个奇迹。当年，武则天爬到这个位置，却不知费了多少周折。从这点来说，慈禧是幸运的。

咸丰驾崩双后共掌政

更幸运的还在后面，叶赫那拉氏的丈夫咸丰帝体弱多病，当北有英法联军入侵京城、南有太平天国反清运动，内忧外患之时，这个短命的皇帝更加心力交瘁。据传，由于懿贵妃叶赫那拉氏工于书法，病重的咸丰帝便时常口授，让其代笔批阅奏章，并允许懿贵妃发表自己的见解，这一定程度锻炼了慈禧在治国实践上的能力，也为后来的掌权理政埋下了伏笔。

1861 年 8 月，倒霉的咸丰帝在热河驾崩，临终前将怡亲王载垣、郑亲王端华、景寿、尚书肃顺、穆荫、匡源、杜翰、焦佑瀛八人，一同任命为赞襄政务王大臣，希望他们辅佐同治帝载淳处理朝政。另外，咸丰帝又给皇后和皇太子（由皇帝生母懿贵妃代管）两枚代表皇权的印章，希望他们相互牵制，以维持清朝的长远统治。

咸丰帝死后，慈禧的儿子载淳即位，定年号为"祺祥"。叶赫那拉氏与皇后钮祜禄氏（当时的中宫皇后慈安）并尊为皇太后。此时，矛盾就产生了，两后与顾命八大臣之间出现了争权的局面。八大臣企图联合起来对抗两后专权，却首先遭到了权力欲更高的慈禧不满，于是慈禧借助恭亲王奕䜣，利用帝后和咸丰帝的梓宫回京的机会，发动了著名的"辛酉政变"，设计逮捕了八位大臣，判处怡亲王载垣、郑亲王端华自裁，肃顺斩立决，其他人革职。

209

参与此次政变的奕䜣立了大功，不久就被封为"议政王"。从此，权力回到了两后手中。1861 年 12 月 2 日，清朝改年号为"同治"，两宫太后御政养心殿，垂帘听政，从此"两凤凰"共同执政的局面正式形成。

儿子同治英年早逝

在执政初期，慈禧太后还愿意与慈安一同商议，共掌国政。但是慈安太后对权力没有多大欲望，因此实际上是由慈禧一人掌握了权柄，独霸朝廷。

在执政前期，慈禧还是做了一些贡献，比如整饬吏治，重用汉臣，依靠曾国藩、左宗棠、李鸿章等汉族地主武装维护统治，又在列强支持下，先后镇压了太平天国、捻军起义，缓解了清王朝的统治危机，使清王朝得到暂时稳定。

到了同治十一年（公元 1872 年），慈禧太后已掌握朝政达 11 年之久，她的儿子载淳也已 17 岁，到了该亲政的年龄。无奈，慈禧便为同治帝选了一位皇后。次年，两宫太后卷帘归政。但同治帝亲政后，并没有摆脱掉慈禧的干预。为了享乐，慈禧私下授意同治帝给自己修缮圆明园，以供其居住。同治帝为了讨好慈禧，也为了自己母亲能高高兴兴地把权力交给自己，便不顾财政紧缺，坚持开工修复，引起了奕䜣等王公大臣的强烈反对。

同治帝这时急红了眼，认为奕䜣等人简直不懂事，竟准备下令将他们全部革职。慈禧得知这一情况后，立即出面制止了同治帝这一决定。为什么慈禧会这么做呢，不仅仅是当年发动政变奕䜣立了大功，更重要的是，野史记载奕䜣还是慈禧的男宠。

此事，同治帝没能办成，心情也不是很舒畅。然而，等待他的是更悲惨的事。1875 年 1 月，20 岁的同治帝就因得了重病，不治身亡，英年早逝。他亲政治国的念头，也只有到阴间去实现了。

光绪成为傀儡皇帝

同治帝死后，国家不可一日无君。由于咸丰帝只有一个儿子，因此慈禧便选定了她的外甥（咸丰帝的侄子），4 岁的爱新觉罗·载湉为帝，此人便是有名的傀儡皇帝光绪。1881 年 4 月 8 日，慈安太后暴崩卒，享年 45 岁。官方说法为脑溢血，但民间野史认为是慈禧所害。此事尚无定论，读者可以自行判断。

慈安死了，光绪还是小屁孩，这时的慈禧便没有任何对手，一人独霸朝政，享有着至高无上的权力。虽然，她掌管着大清王朝的命脉，却并没做出多少贡献，反而签订了不少丧权辱国的条约，阻碍了中国的发展。

1883 年至 1885 年，中法战争爆发，双方在军事上互有胜负，但以慈禧为首的清政府却主张"乘胜即收"，与法国签订了《中法新约》，该条件严重有利于法国，使其获得了不少侵略利益。

1894 年，日本发动中日甲午战争。这时已 19 岁的光绪主战，慈禧却要求"不准有示弱语"，还大兴土木，浪费财政修建颐和园，竟还动用军费。有大臣提出暂停工程，号召全力抗日，却遭到慈禧辱骂："今日令吾不欢者，吾亦将令彼终生不欢。"

在这种内忧外患的形势下，清军在朝鲜战场、黄海战场双双失利，遭受严重挫折。但慈禧仍然没吸取教训，依然如故举办自己的六旬庆典。同时，她还支持李鸿章"避战求和"的方针，打击以光绪为首的主战派。在金州、大连相继陷落，旅顺万分危急的情况下，慈禧照常在宁寿宫度过了自己的60岁生日。

1895年，中国海陆两个战场均遭失败，以慈禧为首的主和派派遣李鸿章为全权大臣，赴日乞和。该年4月17日，清政府签订了中国历史上空前屈辱的条约《马关条约》，中国放弃对朝鲜的宗主国地位，赔款2亿两白银，割让辽东半岛（在俄、德、法等西方列强干涉下，后以白银3000万两赎回）、台湾岛、澎湖列岛，开放4个通商口岸，允许日本在通商口岸开矿设厂。

甲午战争失败后，列强掀起瓜分中国的狂潮。为了救亡图存，1898年6月，光绪帝发布"明定国是上谕"（即《明定国是诏》），实行变法。此次变法触动了满洲旧势力贵族和众多封建官僚的利益，他们聚集起来竭力反对阻止，当听说光绪帝企图让袁世凯派兵杀死荣禄时，慈禧等人发动"戊戌政变"，拘禁了光绪皇帝，并处死谭嗣同等6人，变法遭遇失败。中国清朝历史上，本有机会改革富强的机会，也就这么被慈禧给扼杀了，从此以后国家不断沦陷，走入战乱落后的漩涡中。

"剿匪"不成反失败

戊戌政变刚刚失败，中国北方就兴起了义和团运动，先期差不多就是由白莲教等民间秘密团体组织利用农民的愚昧掀起的一场革命。

最开始，慈禧决定剿灭，但多次镇压居然均告失败。慈禧又破天荒想出采用《水浒传》中的手法，希望像利用梁山土匪一样，借助义和团去攻打西方列强。于是，慈禧一方面要求各省将军督抚认真布置战守事宜，利用义和团围攻使馆、抗击八国联军；另一方面，她令荣禄前往使馆慰问各国使臣，又分别致国书于俄、英、日、德、美、法等国元首，请他们出面"排难解纷"、"挽回时局"，并将两广总督李鸿章调任直隶总督兼北洋大臣，准备与列强谈判。但是，八国联军没有停止进攻，一同攻入紫禁城，慈禧仓皇带着光绪帝、皇后等人出逃北京，令奕劻、李鸿章为全权大臣，与列强进行谈判，把战争的责任推到义和团身上，下令对义和团"痛加剿除"，并发布上谕表示要"量中华之物力，结与国之欢心"，其罪恶嘴脸令人不齿。

1901 年 9 月 7 日清政府与 11 个帝国主义国家签订了《辛丑条约》，规定按照当时中国人口的数量赔款 4.5 亿两白银，39 年内赔款 9.8 亿两白银，并惩办主战官员，拆除大沽到北京沿线所有炮台等。1902 年初，慈禧与光绪帝等才灰溜溜地回到了北京。

临时抱佛脚变法

为了维持统治，改变自身守旧无能的形象，慈禧太后居然也在"西狩"期间宣布实行"新政"，进行多方面的改革举措。

当时，国内人民普遍意识到君主立宪优于君主专制，要求清政府进行宪政改革。慈禧于是派五大臣出洋考察，宣布预备立宪，并颁布《钦定宪法大纲》，内容仿照德国和日本的宪法，维护皇帝的

"君上大权"。

同时，慈禧太后还学着古代伟大帝王的样子开始整顿史治，大力严惩腐败。当时的反腐风暴是由一本小说《官场现形记》引起的。西太后看了李宝嘉写的书后十分生气，她将清朝的衰落、受列强欺负的罪，都算到了这些贪官的头上，于是开始展开规模庞大的"反腐"行动，而这场"反腐"行动的主要对象就是《官场现形记》中所影射的官员。

慈禧的"反腐"方法很简单，就是按图索骥，照着《官场现形记》里影射的名单抓人，很快就有一大批官员被抓，并以谋反罪被斩立决。接着，慈禧太后又让人将《官场现形记》中的一些行贿、受贿以及官员的腐败行为整理刊印出来，下令全国官员凡有此行为者，皆为重罪。令人惊奇的是《官场现形记》里所影射的大部分官员，几乎都被慈禧太后以谋反罪处决了。虽然，这次反腐并没有改变清朝的命运，但经过此次反腐，许多官员由此收敛了很多。一本小说能够成为一个国家的"反腐指南"，这恐怕也算是世界独一无二的奇迹！

1908 年，慈禧支持中国官派留美学生到英、法、比利时、意大利、荷兰等国留学，费用约白银 3 亿两左右，此举对兴办教育事业或多或少有一定成效。

病入膏肓为时晚

1908 年 11 月 14 日，本想有一番作为的光绪帝不幸驾崩，可怜可悲。由于没有子嗣，慈禧太后安排醇亲王载沣为摄政王，其子溥仪为皇储。

1908 年 11 月 15 日，叶赫那拉氏于中南海仪鸾殿病逝，享年74
岁。笔者认为，这有些神奇。为何光绪才死一天，慈禧就去世了
呢？虽然历史记载是病逝，但笔者对此很是怀疑。世界上哪有这么
巧的事呢！

不过，慈禧临终时的遗言却很有意思，她说："此后，女人不
可与闻国政。此与本朝家法相违，必须严加限制。尤须严防，不得
令太监擅权。明末之事，可为殷鉴！"俗话说，人之将死其言也善，
看来慈禧到死才说出了有利于国家和人民的话，可惜已经晚了，这
位中国改革富强的最大"拦路罪人"，死有余辜。

宣统元年（公元 1909 年）十月，慈禧葬于河北省遵化市菩陀
峪定东陵，定徽号"慈禧端佑康颐昭豫庄诚寿恭钦献崇熙太皇太
后"，谥号"孝钦慈禧端佑康颐昭豫庄诚寿恭钦献崇熙配天兴圣显
皇后"，简称"孝钦显皇后"，谥号共 23 字，谥号长度超过清朝开
国皇后孝慈，本朝孝德、孝贞两位正宫皇后，为清代及中国历代皇
后之最。

慈禧·中国改革富强的『拦路罪人』

题外野史

1. 男宠均权倾朝野

关于慈禧的野史有许多，笔者不一一列举，不过可以给读者谈
一谈她养男宠的故事，这有点类似于武则天，两人都十分好色，都
养了不少美男，供自己享受游乐。

首先，有学者认为慈禧太后在刚入宫做秀女之时，就已和恭亲

王发生恋情，并经常趁其他宫女不注意时，外出与恭亲王偷情狂欢。正因如此，有人认为咸丰帝没有生育，同治皇帝就是慈禧与奕䜣私通的结晶。这种观点，笔者还真有些相信。不然，为何咸丰帝只有一个儿子，另外恭亲王为何死心塌地要和慈禧一起搞政变呢？

其次，慈禧还有一个明目张胆的男宠，这个人就是荣禄，传言说是她的初恋情人。据野史记载，慈禧在进宫之前，身份很低微，只是一个婢女，但人很端庄漂亮。有一天在街上，一个恶少趁慈禧独自一人行走时，便企图将其强奸，恰好荣禄看到，英雄救美将恶少赶跑。慈禧免遭侮辱，从此对荣禄既感激又爱恋。即使后来掌权后，慈禧还与荣禄私通。不然，为何后来同治帝坚决要将荣禄革职，慈禧立即匆忙进行阻止呢？

据民间传言，慈禧太后除了奕䜣和荣禄之外，还与太监安德海和李莲英有染，尽管太监没有生理能力，但可以给慈禧安慰和刺激。从慈禧对李莲英一再封官和赏赐便可看出一点端倪。比如，康熙末年规定太监品秩最高为五品，最低者八品；乾隆七年改为"不得超过四品，永为定例"。但慈禧执政时，打破祖制，赏李莲英为二品。多年来，慈禧对李莲英宠眷不衰，二人常在一起并坐听戏，凡李莲英喜欢吃的东西，慈禧多在膳食中为他留下来。这不得不说很不正常。

清代学者文廷式《闻尘偶记》也记载：光绪八年（公元1874年）的春天，琉璃厂有一位姓白的卖古董商，经李莲英介绍得幸于慈禧。当时慈禧46岁，白某在宫里住了一个多月以后被放出。不久，慈禧怀孕，慈安太后得知大怒，召礼部大臣，问废后之礼。礼部大臣说："此事不可为，愿我太后明哲保身。"

另有野史记载：金华饭馆有一个姓史的年轻伙计，长得玉树临风，仪容俊美。史某与李莲英混熟了，经常被李莲英带到宫里去玩。有一天，慈禧发现李莲英旁边站着个俊美的少年，不但不生气，反而十分兴奋，遂将史某留在宫内"昼夜宣淫"，一年后生下光绪。慈禧不敢养在宫中，命醇亲王代为养育，接着将史某灭口。慈禧立光绪为帝，或许因为光绪是她的亲生儿子。

2. 美容养生有研究

另外，慈禧这人还十分注重美容养生。比如，她喜欢喝人乳，一喝竟喝了50年。明代的谢肇淛在《五杂俎》中记载说："穰城有人二百四十岁，不复食谷，惟饮曾孙妇乳。"靠喝曾孙妇的乳汁活到240岁，未免太离谱，令人难以置信。不过，清代慈禧靠人乳养颜、养生，是确凿事实。据说，慈禧从26岁开始，直到75岁去世，近50年间从未间断过喝人乳，每天有3名奶妈专门为她提供充足健康的奶水。她坚信能够保持青春常驻的最佳妙方就是人乳，这从她70多岁了还一直保持美丽的容颜上可以得到证实。

由于慈禧喜欢喝人乳，后宫妃嫔也跟风起来。为此，清宫规定，每个季节精选奶妈40人，在内廷之中辟专室养护，称为"坐秀奶口"；再选80人住在宫中，由内府专门供应饮食，称为"点卯奶口"，即"候补奶妈"。当"坐秀奶口"出现意外不能供奶时，这些"点卯奶口"可以补缺。这些奶妈，还要保证每个季节更换一批，以保证人奶充足供应。

以上均为野史，读者请自行辨别，聊作饭后谈资。

慈禧·中国改革富强的「拦路罪人」

历史大咖的另一张脸 2

民国

巾帼不让须眉

张爱玲：民国第一女才子

自古以来中国的女作家中，笔者个人认为小说写得最好的当属张爱玲，因为她有大家的气质，并不像三毛、萧红等人的文字沉浸在抒发个人的哀怨上。那么，张爱玲是一个怎样的人物，她的感情生活又如何呢？她到底经历了怎样的人生传奇呢？

权贵之家的千金小姐

提到民国才女张爱玲，她依旧没有摆脱"女作家大多出身名门"的文坛怪圈。据史料记载，1920年9月30日，张爱玲出生于上海麦根路（今泰兴路）一幢建于清末的仿西式豪宅中。她的祖父张佩纶是清末名臣，祖母李菊耦是大名鼎鼎的李鸿章长女，父亲曾当过金浦路铁路局的英文秘书。

生活在这样显赫的家庭中，张爱玲比一般的贫民子女受到的教育则更为优越。比如，1924年还不满4岁的张爱玲，就已在私塾读书，由她姨奶奶专门看管。1928年，8岁的张爱玲又开始学习绘画、英文和钢琴，还在母亲的教授下阅读《三国演义》、《西游记》、《七侠五义》等古典名著。从此处可以看出，张爱玲的文学

221

启蒙比较早，8 岁就可以读四大名著，这对于农村孩子来说几乎不可想象。一般情况下，8 岁的农村孩子还在田野间捉青蛙，河里摸鱼儿，柴草里打滚。譬如从农村出来的笔者第一次阅读长篇小说则是 11 岁，最早阅读四大名著也是 13 岁以后了。从这一点来看，张爱玲很幸运，她有一个好的家境。

1930 年，10 岁的张爱玲开始进入黄氏小学插班读六年级，这时的她由原名张瑛改名为张爱玲。不幸的是，当年她的父母却因感情不和协议离婚，这给张爱玲的童年造成了不小的心理阴影，或许此后她的小说大多以悲剧结束，很大一部分原因怕是缘于此。父母离婚之后，张爱玲的母亲与姑姑搬出了上海的宝隆花园洋房，到了法租界去租房居住，而年幼的张爱玲则继续与父亲一起生活。从小没有母亲的陪伴和关爱，张爱玲只有靠读书排解内心的孤独，但她因此得福，由此培养了超级的想象力，也表现出很强的编故事能力。

从 12 岁起，张爱玲开始文学创作。她的第一部小说为《不幸的她》，发表的刊物是《圣玛利亚校刊》。这是张爱玲第一次在刊物发表文章，也是她的处女作。该文发表后，张爱玲在学校引起不小的轰动，还拥有了不少同学粉丝。1933 年，13 岁的张爱玲又在校刊上发表了第二篇文章，这次不再是小说，而是一篇散文《迟暮》。发表小说和散文之后，张爱玲又喜欢上了诗歌，她主动向博学多才的父亲请教，试着学习填写古体诗。这段学旧诗的经历，一定程度上奠定了她的古文功底。

1934 年，14 岁的张爱玲文思泉涌，激情高涨，接连写了《理想中的理想村》、《摩登红楼梦》、《后母的心》等文章，或许是因为写得太过粗糙和稚嫩，并没能够在刊物上发表。不过，这并没有影响张爱玲的创作热情。1936 年，16 岁的张爱玲在《凤藻》发表散文，这也是她第一次在正规的市场刊物上发表文章，题目为"秋雨"。之后，张爱玲的创作一发不可收拾，相继在《国光》半月刊上发表小说《牛》、《霸王别姬》及评论《若馨评》，在《凤藻》上发表《论卡通画之前途》，她又参加了《西风》三周年纪念征文，获第 13 名的荣誉奖，这时张爱玲仅仅 20 岁。记得笔者 20 岁时，也写出了两部长篇小说，一部是《一只北方的狼》，另外一部则是本人的成名作《中国式青春》。而王蒙、阿来在 20 岁左右时，均已创作了文学作品：王蒙开始写《青春万岁》，阿来则在创作他的诗集。

文学创作出名要趁早

20 岁之后，张爱玲彻底沉浸在了愉快的写作之中，并不断推出不少优秀的文学作品。她相继在《泰晤士报》上写影评和剧评。在英文《二十世纪》月刊上发表《中国人的生活与服装》、《中国人的宗教》、《洋人看戏及其他》等散文和五六篇影评。

23 岁，张爱玲认识了文学上的第一位贵人，他就是当时著名的文学刊物《紫罗兰》的主编，也就是颇具影响的作家周瘦鹃。周瘦鹃看了张爱玲的作品后，极为欣赏，大为盛赞，鼓励她一定要走专业作家的道路，将来必定大有所成。张爱玲受到周的鼓励，信心倍增，于是潜心创作了小说《沉香屑·第一炉香》，很快就在《紫罗兰》上发表，此文一经刊发，便引起文坛震动，张爱玲遂在当时的上海文坛一炮打响，迅速崭露头角，成为势头火热的年轻女作家。

当代的韩寒、郭敬明、张悦然等人的路子与张爱玲有些类似，他们都参加了新概念大赛，因为一篇文章就轰动文坛，从此迈入专业作家的行列。由于引起轰动，张爱玲接着又发表了续作《沉香屑·第二炉香》，依旧轰动。之后，张爱玲相继在《杂志》、《万象》、《古今》等知名刊物上发表《茉莉香片》、《到底是上海人》、《心经》、《倾城之恋》等一系列小说、散文，并接连出版实体书，从此成名天下，蜚声文坛，受到广大读者的追捧，这时她只有24岁。后来，张爱玲在散文《天才梦》中谈自己的创作感受时就提到："出名要趁早！"或许这是她对文学爱好者的忠告和提醒。是的，张爱玲说得很有道理。笔者闲暇之余对现当代知名作家进行过相关研究，发现他们均有一个共性，就是成名几乎都比较早。譬如贾平凹22岁开始文学创作，27岁加入中国作家协会，29岁写出《鬼城》、《二月杏》引起争鸣，30岁就职西安文联成为专职作家，31岁写出《废都》轰动文坛。莫言，29岁写出《民间音乐》，被解放军艺术学院文学系特招录取，30岁在《中国作家》杂志发表《透明的红萝卜》一举成名，同年加入中国作家协会。余华，24岁开始发表小说，33岁就写出伟大作品《活着》，37岁加入中国作家协会。路遥，23岁开始文学创作，30岁发表短篇小说《惊心动魄的一幕》，32岁写出《人生》，同年加入中国作家协会。陈忠实，23岁发表处女作，35岁加入中国作家协会，37岁写出《信任》获全国短篇小说奖。阿来，23岁开始写诗，28岁已常规出版诗集《棱磨河》，小说集《旧年的血迹》、《月光下的银匠》，31岁开始写作《尘埃落定》，35岁加入中国作家协会，39岁出版《尘埃落定》，从此奠定文坛地位。像这样的例子太多太多，各位读者有兴趣不妨去研究研究。在现当代文坛中，稍微大腕些的作家几乎都有这么一个共性，那就是在 35 岁之前均已成名（极个别除外），这是不可争议的文坛定律。

痴爱多情才子胡兰成

由于出名很早，喜欢张爱玲的男性很多，包括不少达官贵人和上海富商，但张爱玲均没有兴趣，直到后来胡兰成的出现，彻底俘获了张爱玲的芳心。

这个胡兰成出身寒门，老家在浙江省嵊县下北乡胡村，祖父胡载元，父胡秀铭，母吴菊花都是普通的老百姓，不过还算幸运的是胡兰成有机会读书，在该地的蕙兰中学就学。不过，令人悲伤的是，在读到小学四年级时，他却因编辑校刊得罪了校务主任方同源，被学校无情开除。从此处可以看出，胡兰成家里没什么硬关系，不然怎么可能因得罪一个小小的校务主任，就被开除了呢，这些其实是可以私下疏通解决的。令人欣慰的是，胡兰成没有消沉下去，由于喜欢文学，他从未停止看书，在 27 岁时写出了散文集《西江上》，从此改变了命运。31 岁，胡兰成又被《中华日报》聘请为主笔，32 岁调到香港《南华日报》任总主笔，随后被汪精卫看上，正式踏入政坛。

张爱玲与胡兰成相识时，胡兰成正在汪精卫政府当宣传部次长（相当于宣传部副部长）。1943 年的一天，胡兰成在办公室看到了杂志《天地》，在读到张爱玲的小说《封锁》后大为赞赏，便决定亲自去拜访作者张爱玲。两人见面之后，竟海阔天空长谈 5 个小时，

225

从品评时下流行作品，到问起张爱玲每月写稿的收入。当胡兰成与张爱玲并肩散步到弄堂口时，他忽然说："你这样高，这怎么可以？"只这一句话，就忽地把两人的距离拉近了。"这怎么可以"的潜台词是从两个人般配与否的角度去比较的，前提是已把两人作为男女朋友放在一起看待了。张爱玲很诧异，心里却感到十分惊喜。

次日，胡兰成又去拜访张爱玲。见到张爱玲房里十分华贵，胡兰成便形容说，三国时刘备进孙夫人的房间，也就是这种感觉。那天，张爱玲穿了一件宝蓝绸袄裤，戴了嫩黄边框的眼镜，看上去十分知性漂亮，令胡兰成十分心动。两人在张爱玲家里又是一次长谈，相处十分欢快，彼此均有了好感。此后，胡兰成几乎每天都去看张爱玲，张爱玲还取出了自己的照片送给他，还在后面题上几句话："见了你，我变得很低很低，低到尘埃里。但我心里是欢喜的，从尘埃里开出花来。"

两人这么交往一段时间后，互生爱慕，很快便坠入爱河。这一年，胡兰成 38 岁，张爱玲 24 岁。虽然胡兰成当时已结婚，但张爱玲并不在乎，仍然爱上了这位多情才子。

多情才子原是情场浪子

与胡兰成相爱后，张爱玲心情十分愉快，又万分复杂，她怕自己与胡兰成的爱情没有结果，怕自己打扰了胡兰成的家庭。她的担忧是多余的，胡兰成是一个想干什么绝不犹豫的人。在追到张爱玲后，胡兰成立即与第二任妻子摊牌，很快就与其离婚。随后不久，胡兰成带着张爱玲走进了教堂，两人正式结婚成为夫妻。

爱情得到了收获，沉浸在幸福中的张爱玲写作进入井喷期。那段时间，她陆续写出了《倾城之恋》、《金锁记》、《琉璃瓦》、《散戏》、《公寓生活记趣》、《红玫瑰与白玫瑰》、《殷宝滟送花楼会》、《论写作》、《有女同车》、《走！走到楼上去!》、《说胡萝卜》、《诗与胡说》、《写什么》、《忘不了的画》、《等》、《年轻的时候》、《花凋》等。其中《倾城之恋》和《金锁记》、散文《爱》都成了她的代表作。《杂志》编辑部还多次为她举办研讨会，使得张爱玲成为当时文坛的耀眼明星。

然而，好景并没有维持多久。这时，胡兰成由于工作原因调到了武汉，住在江汉医院。在这期间，张爱玲没有陪在身边，胡兰成认识了一名姓周的护士，此人长得十分漂亮。胡兰成很快就与周护士开始了同居生活。胡兰成没有因为自己的行为感到愧疚，在回到上海后，他竟如实告诉张爱玲关于周护士的事。

不久，胡兰成又回到了汉阳，没几天日本就正式投降。知道自己没有退路的胡兰成便选择逃亡。1946 年 2 月，张爱玲从上海去找逃亡中的胡兰成，在温州见到丈夫时，胡兰成身边居然又有了另外一个叫范秀梅的女人。张爱玲的突然到来，使得胡兰成很吃惊。看到胡兰成的滥情，在温州停留了二十几天后，张爱玲就生气地回到了上海。

张爱玲·民国第一女才子

心灰意冷写绝情信

胡兰成的两次出轨，让张爱玲彻底看清了这位滥情的男人，心灰意冷的她觉得自己有必要放弃这段令人痛苦的情爱，便在1947 年

6月，写了一封绝交信托人交给了胡兰成，信中写道："我已经不喜欢你了，你也是早已不喜欢我了的。这次的决心，我是经过一年半的长时间考虑的，彼时唯以小吉故，不欲增加你的困难。你不要来寻我，即或写信来，我亦是不看的了。"除了信之外，张爱玲还附上了自己的30万元稿费，希望能够帮助胡兰成在逃亡过程中的开销。

张爱玲的信，胡兰成看了，但并没有给其回信。这位胡兰成比大汉时期的辞赋家司马相如还坏，当年卓文君给出轨的丈夫写书信和诗后，司马相如还知道回心转意，重新回到了卓文君的怀抱，挽救了自己的婚姻。但是，胡兰成并没有这么做，他不仅没有回信，依然如故地玩着新鲜的女人。但也有学者研究认为，胡兰成曾写信给张爱玲的好友炎樱，试图挽回这段感情，但张爱玲没有理他，炎樱也没有理他。这段感情就此谢幕。

可能胡兰成认为自己是潜逃的汉奸，在中国已无立足之地，不想拖累张爱玲，便绝情地避开了妻子。他选择了独自逃亡，1949年从香港出发，又逃到了日本定居。

分手后遇到新伴侣赖雅

在与胡兰成彻底分手后，张爱玲过得十分孤独，很少与人交往，心情也相当不好，她在香港居住了一段时间后，便搭乘"克利夫兰总统号"游轮到了美国，最先租住在纽约救世军办的女子宿舍。这时，张爱玲与好友炎樱重逢，并一同去拜访著名学者胡适。

1956年2月，张爱玲得到 Edward Marc Dowell Colony（爱德华

马克道尔科勒尼）的写作奖金，又在 2 月间搬去 Colony（科勒尼）所在的纽英伦州。这个写作基金会主要是为作家提供一个安静、舒适的环境。在这里，张爱玲遇见了另一位令她倾心的男人。这个人就是她的第二任丈夫 Fedinand Reyher 赖雅先生，赖雅比张爱玲大 30 岁，是一位很有才华的美国剧作家。之后，张爱玲开始用英文撰写长篇小说《Pink Tears》（《粉泪》，原书名为"金锁记"）。

1957 年，CBS 上映英文版电影《秧歌》。1958 年，张爱玲获加州韩廷敦哈特福基金会资助半年，在加州专门从事写作，发表小说《五四遗事》，为香港电懋电影公司编写《情场如战场》、《桃花运》、《人财两得》等剧本。1960 年，张爱玲成为美国公民。

1966 年，长篇小说《怨女》、《Pink Tears》（中文版）在香港《星岛日报》连载，她同时改写《十八春》为《半生缘》。1967 年，张爱玲任纽约雷德克里芙女子学院驻校作家，并开始英译《海上花列传》。《半生缘》在香港《星岛晚报》和台北《皇冠》杂志连载。同年，第二任丈夫赖雅去世，享年 76 岁。

之后，张爱玲再次陷入孤苦无依的境地。为了散心，她于1972年移居洛杉矶，开始了幽居独处的生活，也很少再有新作品问世。这时，张爱玲醉心于文学研究，比如她接连在《皇冠》杂志发表《初评红楼梦》、《二评红楼梦》、《三评红楼梦》，在《中国时报》副刊发表《谈看书》与《谈看书后记》，并出版评论文集《红楼梦魇》。

1979 年，张爱玲将之前创作的小说《色·戒》进行了修改，接着在《中国时报》上发表，引起强烈的反响和轰动。但也就是在这一年，她的第一任丈夫胡兰成在日本东京生病去世，享年 75 岁。

张爱玲·民国第一女才子

大概又过了 16 年，也就是 1995 年 9 月 8 日夜，举世瞩目的中国文学界才女张爱玲，在洛杉矶西木区公寓内去世，享年 74 岁。9 月 19 日，她的遗体在洛杉矶惠泽尔市玫瑰岗墓园火化。9 月 30 日，她的骨灰由林式同、张错、高全之、张绍迁、许媛翔等人携带出海，撒于太平洋。虽然，她的身体从此消失在茫茫大海中，但她的文学作品依旧闪耀在当今文坛，并会永远流传。